AF309802

VENTE : { **MADELEINE**, par Jules Sandeau, 1 vol. in-8...... 7 50
         { **CARMEN**, par Prosper Mérimée, 1 vol. in-8......... 7 50

BIBLIOTHÈQUE DRAMATIQUE

Théâtre moderne. — 2ᵉ Série.

ALCESTE

Tragédie en 3 actes

PAR M. HIPPOLYTE LUCAS.

Prix : 1 franc.

EN VENTE. — PIÈCES NOUVELLES.
Palma, ou la Nuit du Vendredi-Saint, dr. en 5 act. 60 c.
Notre Fille est Princesse, drame en 5 actes. 60
L'Enfant de l'Amour, comédie-vaudeville en 3 actes 60
La Reine Argot, parodie en 7 tableaux 60
La Reine Margot, drame en 5 actes et 15 tableaux. . 4 fr.
Bertram le Matelot, drame en 3 actes. . . . . 60 c.
Une Fièvre brûlante, comédie-vaudeville en 3 actes. 60
Le Fantôme, comédie-vaudeville en 1 acte. 60
Trois Rois, trois Dames, com.-vaud. en 5 actes . . 60
Irène, com.-vaud. en 2 actes, de MM. Scribe et Lockroy. 60
La Closerie des Genêts, drame en 5 actes 60
Robert Bruce, opéra de Rossini. . . . . 1 fr.

MICHEL LÉVY FRÈRES, LIBRAIRES-ÉDITEURS

des Œuvres d'Alexandre Dumas, format in-18 anglais, et du théâtre de Victor Hugo

RUE VIVIENNE, 1

PARIS. — 1847

MOIRES DE Mᶫˡᵉ FLORE, 2ᵉ édition, 3 vol. in-8. 12 francs.

PIÈCES DE THÉATRE

PARUES DANS LA 2e SÉRIE DE LA BIBLIOTHÈQUE DRAMATIQUE,
FORMAT IN-18 ANGLAIS.

Le Gant et l'Éventail, c.-v. 5 a.	» f.	60
La Baronne de Bilgnac, com.-vaudev. en 1 acte	»	50
L'Inventeur de la Poudre, vaudeville en 1 acte	»	50
Le Château des Sept-Tours, d. en 5 actes	»	60
Sport et Turf, gentilhommerie en 2 actes	»	60
Le Docteur Noir, dr. en 7 actes	»	60
Charlotte, drame en 5 actes	»	60
Clarisse Harlowe, dr. en 5 act.	»	60
Madame de Tencin, dr. en 5 a.	3	»
Don Gusman, comédie en 5 act.	»	60
Le Bonhomme Richard, com.-vaudeville en 3 actes	»	60
Gentil-Bernard, c.-vaud. en 5 a.	»	60
Échec et Mat, drame en 5 actes	1	»
Un Mari qui se dérange, com.-vaudeville en 2 actes	»	60
La Closerie des Genêts, d. 6 a.	»	60
Une Chambre à deux Lits, pochade en 1 acte	»	50
Les Demoiselles de Noce, comédie-vaudeville en 2 actes	»	60
Le Nœud Gordien, dr. en 5 act.	»	60
Pierre Février, c.-v. en 1 acte.	»	50
Gibby la Cornemuse, op.-com. en 5 actes	1	»
Le Lait d'Anesse, c.-v. en 1 act.	»	60

La Poudre-coton, revue en 5 a.	»	60
Diable ou Femme, com. en 1 a.	»	50
Un Mari fidèle, com.-v. en 1 act.	»	50
Robert Bruce, opéra en 5 actes.	1	»
Marie, ou l'Inondation, drame en 7 tableaux	»	60
Les Mystères du Carnaval, dr. en 9 tableaux	»	60
Mademoiselle Navarre, com.-vaudeville en 1 acte	»	50
Trois Rois, Trois Dames, comédie-vaudeville en 5 actes	»	60
Un Coup de Lansquenet, com. en 2 actes	»	60
Irène, ou le Magnétisme, v. 2 a.	»	60
En Province, comédie en 3 actes.	»	60
Le Filleul de tout le monde, comédie-vaudeville en 4 actes	»	60
Le Fantôme, com.-vaud. en 1 a.	»	60
La Reine Margot, dr. 5 a. et 13 t.	1	»
Une Fièvre brûlante, c.-v. en 3 a.	»	60
Bertram le Matelot, dr. en 5 a.	»	60
Alceste, tragédie en 5 actes	1	»
L'Enfant de l'Amour, comédie-vaudeville en 5 actes	»	60
La Reine Argot, parodie en 7 tabl.	»	60
Notre Fille est Princesse, drame en 5 actes	»	60
Palma, ou la Nuit du Vendredi-Saint, drame en 5 actes	»	60

1re SÉRIE, FORMAT GRAND IN-8.

Le Serpent sous l'herbe, vaud. en 1 acte	»	50
La Carotte d'Or, c.-v. en 1 acte.	»	50
Les Frères Dondaine, v. en 1 a.	»	60
Juanita, com.-vaud. en 2 actes.	»	60
Philippe II, roi d'Espagne, d. 6 a.	»	60
L'Étoile du Berger, féer. en 14 t.	»	60
Le Trompette de M. le Prince, opéra-comique en 1 acte	»	60
Le Petit-Fils, com.-v. en 1 acte.	»	50
Le Jardin d'Hiver, com.-vaud. en 1 acte	»	50
Rocambolle le Bateleur, vaud. en 2 actes	»	50
Frisette, comédie-vaud. en 1 a.	»	50

Les Mousquetaires de la Reine, opéra-comique en 5 actes	1	»
Le Roman comique, com.-vaud. en 5 actes	»	60
La Famille Poisson, c. en 1 act.	»	60
La Mère de Famille, v. en 1 a.	»	50
L'Enfant du Carnaval, v. en 5 a.	5	»
Don Juan, opéra en 5 actes	1	»
Monsieur de Maugaillard, comédie en 1 acte	»	60
La Femme de mon mari, vaudeville en 2 actes	»	60
L'Inconsolable, vaud. en 5 actes.	»	60
Le Gamin de Londres, drame-vaudeville en 5 actes	»	60

La librairie MICHEL LÉVY FRÈRES prévient MM. les directeurs de théâtre de province et les amateurs d'anciennes pièces de théâtre, qu'elle possède dans ses magasins plus de 50,000 pièces de théâtre dans l'ancien format in-8, à très-bas prix.

ALCESTE

TRAGÉDIE EN TROIS ACTES, EN VERS

PAR M. HIPPOLYTE LUCAS

Avec musique et chœurs de M. ELWART, professeur au Conservatoire de Paris [1].

REPRÉSENTÉE POUR LA PREMIÈRE FOIS A PARIS, SUR LE SECOND THÉATRE FRANÇAIS, LE 16 MARS 1847.

DISTRIBUTION DE LA PIÈCE.

ADMÈTE, roi de Thessalie......................	MM. RANDOUX.
HERCULE.................................	DARCOURT.
PHÉRES, père d'Admète......................	LEMADRE.
LE GOUVERNEUR des enfants d'Admète et d'Alceste....................	VICTOR HENRI.
ADRASTE, officier du palais......................	CLÉMENT JUST.
LE CORYPHÉE.................................	BAPTISTE.
ALCESTE...............................	Mlle ARALDI.
UNE PRÊTRESSE D'APOLLON..............	Mme MOREAU SAINTI.
LA MORT.................................	FRANTZIA.
EUMELUS, fils d'Alceste et d'Admète (15 ans).	Mlle CORÈS.
ISMENE fille d'Admète, et d'Alceste (8 ans).	GARRY.

CHŒUR, composé de Thessaliens, de Thessaliennes et de prêtres d'Apollon.

SERVITEURS d'Admète et d'Hercule.

JOUEURS de flûte.

COURTISANS, peuple, gardes.

La scène est dans la ville de Phère, en Thessalie.

[1] S'adresser pour la musique, à M. Elwart, 29, rue Bréda, en attendant que la partition soit gravée.

1847

INTRODUCTION

Le sujet d'Alceste est un des plus pathétiques qui soient venus de l'antiquité, et pour qu'on ne nous accuse pas d'être partial dans cette circonstance, nous emprunterons à un des hommes qui ont le mieux compris et expliqué la littérature grecque, à M. Patin, quelques lignes d'introduction : « L'Alceste, dit-il, dans ses excellentes études sur les tragiques grecs, cette femme qui meurt à la place d'Admète, et, le sacrifice accompli, est arrachée par Hercule du séjour infernal et rendue à son époux, voilà ce que le poète a trouvé dans la tradition religieuse ; la peinture des affections domestiques les plus tendres, les plus vives, voilà ce qu'il a tiré de ce fonds fabuleux. Rien de plus étrange que l'événement du drame, rien de plus naturel que les sentiments et le langage. L'action prête aux mœurs de la dignité et de l'éclat, et en reçoit tour à tour de la vraisemblance. Mélange heureux qui, en ravissant l'imagination vers ces temps antiques, dans lesquels on se figure que les hommes avaient commerce avec les dieux, charme le cœur par l'image toujours contemporaine de la passion. »

Cela est juste et senti : le charme romanesque d'un côté et le pathétique de la situation de l'autre ont donné plus d'intérêt à cette œuvre qu'à la plupart des autres productions du génie grec. La simplicité de l'action est soutenue ici avec plus d'art. On voit d'abord une femme défaillante qui, tout en se dévouant pour son époux, regrette la lumière du jour ; elle quitte la vie en pleurant, mais résignée à mourir pour que celui qu'elle aime jouisse encore des bienfaits de l'existence : ce spectacle émeut le cœur. Au milieu de ces scènes de désolation survient un étranger aux formes un peu grossières, au ton un peu brutal, dont les mœurs ont quelque chose de celles du Cyclope, mais dont l'âme, au fond, est celle du fils d'un dieu. Hercule se présente dans le palais d'Admète, et le roi de Thessalie, exerçant l'hospitalité avec une suprême grandeur, fait cacher le corps d'Alceste à ses regards. Un tel effort sur soi-même cause une véritable admiration. On éprouve une sorte de malaise à voir Hercule se livrer aux chants joyeux, aux ivresses de l'orgie, au milieu d'apprêts funèbres. Mais tout à coup la situation change : un serviteur d'Admète, qui ne peut garder le secret en présence d'une gaîté si intempestive, apprend à Hercule qu'Admète s'est éloigné du palais pour conduire Alceste même au tombeau. Une complète métamorphose a lieu. Hercule redevient le plus puissant, le plus grand, le plus courageux des mortels. Il a lutté avec bien des monstres et il les a domptés ; il en est un que son audace n'a pas encore rencontré, c'est le génie de la mort, qui déplaît aux hommes comme aux dieux. Hercule ira l'attendre non loin du tombeau, et lorsque ce fatal génie voudra saisir sa proie pour l'emporter aux enfers, Hercule la lui ravira, il lui imposera ses conditions, il ramènera Alceste au jour, il la rendra à Admète. Hercule sort en effet victorieux de cette lutte surhumaine et il jette l'épouse encore inanimée, mais promise à la vie, dans les bras de l'heureux époux.

On ne saurait assurément trouver une fable plus atta-
chante, et elle a dû nécessairement tenter un grand nombre de poètes. L'antiquité a possédé plusieurs *Alceste*, mais
nous n'en connaissons qu'une, celle d'Euripide. A la naissance du théâtre français (en 1606), Alexandre Hardy donna
une tragédie intitulée *Alceste*, ou *la Fidélité*. Cette pièce de
Hardy, comme la plupart de ses pièces, est incorrecte, bi-
zarre et décousue. Le quatrième acte offre un tableau assez
curieux. Hercule est descendu aux enfers; il a brisé les
portes de l'empire de Pluton; il a rompu les fers de Thésée; il a enchaîné Cerbère; il a demandé à grands cris
l'ombre d'Alceste. On vient apprendre à Pluton tout ce
bruit fait par Hercule, et le dieu assemble son conseil des
ministres, jugeant que, dans un cas si grave, il est bon de
mettre sa responsabilité royale à couvert. Rhadamante est
d'avis qu'on accorde à Hercule ce qu'il désire ; la querelle
s'envenime, elle pourrait avoir des suites fâcheuses avec un
brutal de cette espèce. Hercule, d'ailleurs, est le fils de Jupiter ; on lui doit quelques égards. Pluton s'empresse de se
rendre à ces raisons; mais afin de conserver le plus possible
sa dignité personnelle, il ajoute :

Celui qui pèche le moins qui pèche par conseil.

La tragédie de Hardy finit par le retour d'Hercule sur
la terre et par une invitation du héros à Admète, en lui
rendant sa femme, de sacrifier à Vénus.

En 1674 Quinault, composa son opéra d'*Alceste* pour
Lully. Le personnage d'Hercule, galant et amoureux d'Alceste, est d'un ridicule achevé. Cet opéra eut du succès. Le
style de Quinault s'y épanouit dans toute la fadeur du temps,
mais aussi d'heureux passages, comme ce poète en ren-
contrait souvent, brillent par la douceur et par la grâce.

Le père d'Admète, Phérès, a été tourné en personnage
comique par Quinault. Il est difficile de ne pas rire lorsque

ce vieillard de quatre-vingts ans dit, pour s'excuser de ne pas mourir à la place de son fils :

> Je n'ai plus qu'un reste de vie,
> Ce n'est rien pour Admète, et c'est beaucoup pour moi.

Le quatrième acte se passe aux enfers comme le quatrième acte de la tragi-comédie de Hardy, et c'est là que se trouve le beau chœur de *Caron* et des ombres (*Il faut passer dans ma barque*), qui a survécu au reste de l'opéra. Le cinquième acte est consacré au triomphe d'Alcide sur son amour; il cède à Admète Alceste reconquise par lui sur Pluton. Apollon et les Muses viennent prendre part à la joie d'Admète et d'Alceste ; il faut se reporter à l'époque pour prendre quelque plaisir à la lecture de cet opéra.

Racine, dans la préface de son *Iphigénie,* parle de l'*Alceste*, et défend cette pièce contre quelques attaques absurdes dont elle avait été l'objet. « Il y a, dit-il, dans l'*Alceste* » d'Euripide une scène merveilleuse où Alceste, qui se » meurt et qui ne peut plus se soutenir, dit à son mari les » derniers adieux. Admète, tout en larmes, la prie de re-» prendre ses forces et de ne se point abandonner elle-même. » Alceste, qui a l'image de la mort sous les yeux, lui parle » ainsi :

> Je vois déjà la rame et la barque fatale,
> J'entends le vieux nocher sur la rive infernale.
> Impatient il crie : On t'attend ici-bas.
> Tout est prêt, descends, viens, ne me retarde pas.

Racine témoigne de sa vive sympathie pour la pièce d'Euripide dans cette préface, et le sujet lui était entré si avant dans le cœur, qu'il tenta de transporter l'œuvre d'Euripide sur notre scène tragique, comme il avait fait d'*Andromaque*, de *Phèdre* et d'*Iphigénie*. Si l'on en croit Lagrange-Chancel,

il avait même commencé ce travail. Voici comment s'exprime Lagrange dans la préface de son *Alceste* : « J'avais
» souvent entendu dire à M. Racine que, de tous les sujets
» de l'antiquité, il n'y en avait pas de plus touchant que
» celui d'*Alceste,* et qu'il n'avait pas mis de pièce au théâ-
» tre, depuis son *Andromaque,* qu'il ne se proposât de la
» faire suivre par celle d'*Alceste.* Sa préface d'*Iphigénie* fait
» voir combien il était rempli de ce sujet. J'ai connu de ses
» amis particuliers qui m'ont assuré qu'il avait exécuté son
» dessein et qu'il leur avait souvent récité des morceaux
» admirables ; mais que, peu de temps avant sa mort, il
» eut la cruauté de priver le public d'un si bel ouvrage et
» de le jeter au feu. La lecture d'Euripide, jointe à ce que
» j'avais pu recueillir des idées de Racine, me firent naître
» l'envie de traiter à ce sujet. »

Nous ne savons au juste quelles étaient les idées de Racine, mais il faut avouer que Lagrange-Chancel en a peu profité ; sa tragédie a le même défaut que l'opéra de Quinault. L'amour d'Hercule pour Alceste, si contraire à l'esprit de l'antiquité, défigure entièrement son ouvrage. Peut-être Racine, qui a fait Hippolyte amoureux, et qui a donné un tel démenti aux idées grecques, avait-il aussi l'intention de rendre Hercule épris d'Alceste; mais avec quel art il aurait fondu l'élément antique et l'élément modernel La tragédie de Lagrange offre des disparates choquantes. Non content de trouver dans le vieux Phérès d'Euripide l'amour de la vie, Lagrange-Chancel lui a donné des sentiments bas et honteux. Il en fait un vieillard qui s'est dépossédé du trône, et qui jaloux de son ancien pouvoir, verrait avec plaisir la mort de son fils pour reprendre le sceptre. Il s'est privé aussi des enfants qui produisent, chez le poète grec, une scène si attendrissante : il y a cependant une certaine énergie dans cette œuvre, supérieure à celles dont nous avons parlé.

Nous ne parlerons guère que pour mémoire de l'*Alceste*

de Boissy : rien n'est plus en dehors du sens commun que la fable imaginée par l'auteur. Il y mit un grand-prêtre astucieux, couvrant ses intérêts du masque de la religion, et il crut réussir ainsi devant un public philosophe ; mais Boissy, dont c'est un des premiers ouvrages, vit bientôt tomber cette véritable parodie d'Euripide dans un profond oubli : elle avait été arrêtée par ordre, à cause des impiétés du grand-prêtre et des allusions qu'on y avait vues ; elle fut ensuite supprimée par l'ennui, le plus redoutable des censeurs.

Sainte-Foix fit, pour le retour à la santé de la dauphine, un petit acte allégorique sous le nom d'*Alceste*; et jusqu'à Gluck, on n'entendit plus parler de ce sujet. Le chevalier de Gluck le ramena sur la scène lyrique, avec un poème de Calzabigi, traduit en français par du Rollet. Ce poème est fort insignifiant. Le génie de Gluck avait été mal servi.

Enfin Ducis, sous le titre d'*OEdipe chez Admète*, essaya de réunir Sophocle et Euripide, en mélangeant ensemble deux tragédies grecques; mais la fusion ne s'opéra pas bien; l'incohérence de l'action nuisit à de grandes beautés de détail. Nous estimons néanmoins cette pièce comme celle dans laquelle Ducis a déployé peut-être le plus de puissance théâtrale. La dernière scène, qui se passe dans le temple des Furies, a de la grandeur.

Enfin Alfieri a composé une *Alceste*, après avoir appris le grec dans un âge où l'on oublie plus qu'on n'apprend. Voici ce qu'il dit dans ses mémoires : « Arrivé à l'*Alceste*, dont je n'avais jamais eu aucune connaissance, je fus si frappé, si attendri, si enflammé de tout ce qu'il y a de sentiments dramatiques dans ce sublime sujet, qu'après avoir achevé la pièce, j'écrivis sur un morceau de papier que j'ai encore, les paroles suivantes : « Florence, le 18 janvier 1796. Si je ne m'étais pas juré à moi-même de ne plus composer aucune tragédie, la lecture de cette *Alceste* d'Euripide m'a si fort ému, transporté, que sans perdre une minute je jetterais sur le papier le plan d'une nouvelle *Alceste*, où je transporterais tout ce qui paraît bien dans le grec, en y ajoutant si je le pouvais, et où j'élaguerais tout ce que le texte a de ridicule, ce qui n'est pas peu de chose. » Alfieri écrivit son *Alceste* « dans le délire et dans les larmes : » ce sont ses expressions. Elle a du mérite. Mais il dénatura complètement le sentiment antique, en transformant le caractère du père d'Admète, le vieux Phérès, qui tient si fort à la vie dans Euripide, et en raffinant sur la délicatesse des sentiments d'Alceste, il voulut la faire passer près de ses amis pour une seconde Alceste grecque; mais on reconnut très vite la supercherie.

L'émotion ressentie par Alfieri à la lecture de l'*Alceste* d'Euripide est justement celle que nous avons ressentie nous-même, aux jours de notre jeunesse, lorsque l'idée du théâtre est entrée pour la première fois dans notre esprit. Sans connaître la pièce d'Alfieri et ses mémoires, nous avions pensé qu'il fallait faire le plan d'une nouvelle *Alceste*, y transporter tout ce qui nous paraîtrait beau dans le grec, en y ajoutant quelquefois et en élaguant tout ce que le texte pouvait avoir d'étrange. Nous nous proposions seulement de rester dans la vérité des caractères et dans la couleur du temps. Le reproche qu'on a adressé avec quelque raison à Racine et aux grands écrivains du dix-septième siècle, c'est d'avoir accommodé l'antiquité aux mœurs françaises et employé leur génie à travestir en quelque sorte les ouvrages anciens. Faire une *Alceste* en nous servant des procédés acquis à l'art moderne, plus ingénieux que celui des Grecs, personne ne le mettra en doute, et ne nous éloigner que le moins possible des types consacrés, tel est le rêve qui a traversé une grande partie de nos travaux et que nous avons essayé de mettre à la fin à exécution très longtemps après l'avoir conçu.

ACTE I.

Le théâtre représente à gauche l'entrée du palais d'Admète; à droite
celle du temple d'Apollon. Un autel consacré à ce dieu est placé entre
le temple et le palais. Dans le fond la ville de Phère.

SCÉNE I.

CHOEUR DE VIEILLARDS THESSALIENS.

*Ils entrent appuyés sur des bâtons recourbés et se rangent devant le pa-
lais du roi, en face du temple.*

STROPHE I.

Du dieu de la lumière,
Déjà dans la carrière
Les coursiers sont lancés,
Et la nuit dans ses voiles
Repliant ses étoiles
S'enfuit à pas pressés !

De la myrrhe enivrante
La fumée odorante
S'exhale du saint lieu.
Près de l'autel placée,
La Pythie oppressée
Va révéler le dieu !

*Les prêtres d'Apollon entrent et se rangent de l'autre côté de l'autel
devant le temple, en face des vieillards thessaliens ; ils portent des
vases d'or ; quelques gardiens du temple ont des arcs et des flèches.*

CHOEUR DES PRÊTRES D'APOLLON.

ANTISTROPHE I.

Répandons à l'entrée
De l'enceinte sacrée
L'eau de nos vases d'or ;
Et des oiseaux avides,
Que nos flèches rapides
Chassent au loin l'essor !

O roi de Thessalie,
L'arrêt de la Pythie,
Peut retarder ta mort !
Viens, invoque son aide
Mais sa puissance cède
Devant celle du sort.

CHOEUR DES VIEILLARDS THESSALIENS.

STROPHE II.

J'ai dans les solitudes

A travers mille études
Cherché la vérité.
Ma science profonde
Voit obéir le monde
A la nécessité.

CHŒUR DES PRÊTRES D'APOLLON.

ANTISTROPHE II.

Divinité terrible,
La seule inaccessible,
Sourde aux vœux, aux regrets,
Les dieux, les dieux eux-mêmes
Craignent tes lois suprêmes
Respectent tes décrets.

*Le chœur se retire dans le fond du théâtre en voyant Adraste sortir
du palais et s'avancer vers Phérès qui s'approche du côté opposé.*

SCÈNE II.

ADRASTE, PHÉRÈS, LE CHŒUR, *dans le fond.*

ADRASTE.

Seigneur, de votre fils la santé s'est remise,
Apollon secourable a, par son entremise,
Des Parques désarmé l'inhumaine rigueur,
Admète est par degrés sorti de sa langueur ;
La Mort, ce noir génie, errant dans la nuit sombre
Autour de ce palais du prince attendait l'ombre.
Le dieu, plein de souci pour des destins si chers,
A promis de fléchir les filles des enfers.
La prêtresse aujourd'hui nous rendra sa réponse,
Par l'absence du mal son oracle s'annonce.
Sans doute pour longtemps, grâce aux vœux d'Apollon,
La proie est dérobée au funèbre Achéron.

PHÉRÈS.

O Dieu reconnaissant ! il se souvient qu'Admète
Offrit à son exil une heureuse retraite,
Quand, à ce fils forcé de devenir pasteur,
Jupiter de l'Olympe interdit la hauteur.
Je l'ai vu s'égayer des tendres sons qu'exhale
Sous l'ombrage des bois la flûte pastorale.
Lui, dont le luth d'argent guide les chastes sœurs,
Trouvait à ses accords de naïves douceurs.
Pour l'entendre, parfois on voyait apparaître
Les lions et les lynx comme un troupeau champêtre :
Sans peur à leur côté quelque faon gracieux
Bondissait écoutant le souffle harmonieux.

ADRASTE.

Ce fut pour ce pays et surtout pour Admète
Dont le dieu vit agir la bonté si parfaite,

Un bienheureux exil ; car jusques à ce jour
Apollon protégea notre prince et sa cour.

PHÉRÈS.

Admète, au dieu berger, s'efforça trop de plaire :
Jupiter, animé d'un reste de colère,
Sans doute s'est vengé par l'envoi de ce mal
Qui conduisit mon fils si près du bord fatal.
Dans un même pardon le maître de la foudre
Par un soin équitable aurait dû les absoudre.
Je sais qu'il n'est pas bon de critiquer les dieux,
Leur but souvent échappe à nos débiles yeux.
Mais Admète, rempli d'une piété sainte,
Honorait Jupiter par l'amour et la crainte.
C'est moi qui pris le soin d'éveiller en son cœur
Ce double sentiment. Jamais son trait moqueur
Même à l'âge où la lèvre est prompte à l'ironie,
N'offensa des grands dieux la puissance infinie.
Alceste et lui, touchés de la même ferveur,
Bien plus qu'à leur vengeance ont droit à leur faveur.

ADRASTE.

Alceste, qu'avec vous la Thessalie admire,
Qui pour son noble époux, pour ses enfants respire,
Non moins que votre fils, pleine de piété,
Offre un exemple auguste à la postérité.

PHÉRÈS.

Fille de Pélias heureusement absente,
De la mort de son père elle fut innocente,
Quand ses sœurs, que Médée, hélas ! sut égarer
Croyant le rajeunir, le firent expirer.
Admète l'épousa sans présage funeste...

LE CORYPHÉE, *se détachant du chœur des vieillards thessaliens.*
Seigneurs, le roi vers nous s'avance avec Alceste.
(*Des gardes précèdent l'entrée du roi.*)

SCÈNE III.

LES MÊMES, ADMÈTE, ALCESTE, LE GOUVERNEUR DES
  ENFANTS D'ADMÈTE, LA COUR, LE PEUPLE, LE CORY-
  PHÉE. (*Musique.*)

ADMÈTE *à Phérès.*

Mon père embrassez-moi ; sans doute on vous a dit
L'heureux événement qu'Apollon a prédit.
On l'a vu l'arc en main défendre ma demeure
Au sombre esprit ailé qui nous guette à toute heure ;
La Mort impitoyable et que tout homme hait
Aux dieux comme aux mortels également déplaît.
Moins on a d'âge et plus la cruelle s'empresse,
Elle aime à respirer la fleur de la jeunesse,
Elle place sa gloire à revêtir de deuil

Ceux qui de leur printemps osent tirer orgueil.
L'art de guérir n'offrait que des ressources vaines
Contre la flamme ardente allumée en mes veines.
Le jour m'abandonnait, quand le Dieu m'a promis
D'aller fléchir pour moi les décrets ennemis.
Ma force est revenue...

ALCESTE, *avec bonheur*.

                O jour trois fois prospère,
L'époux à son épouse et le fils à son père
Par toi seront rendus !... quel roi mérita mieux
L'estime des mortels et la bonté des dieux !...
Quel autre exerça mieux son sacré ministère?...
Des rameaux suppliants la mobile barrière
Ne s'éleva jamais vainement devant lui ;
Les malheureux n'ont pas de plus constant appui ;
Sa loi sait protéger, respectant la prudence,
Et du peuple et des grands l'heureuse indépendance ;
Sans redouter la guerre en ses adroits projets
Il ménage avec soin le sang de ses sujets.
Par Minerve approuvé, réprimant l'injustice,
D'un acte criminel s'est-il fait le complice ?
Son renom de sagesse et d'hospitalité
Comme un parfum divin vers l'Olympe a monté.
Allié généreux, ami toujours fidèle,
Il présente des rois le plus parfait modèle.
C'est un bonheur public qu'un céleste secours,
Admète, de ta vie ait renoué le cours.

ADMÈTE.

Chère Alceste, attendons que l'oracle prononce;
Des filles de la nuit redoutons la réponse.

LA COUR *et* LE PEUPLE.

Vive Admète !

LE GOUVERNEUR.

            Chacun de nos Thessaliens
Sacrifirait ses jours pour conserver les siens.

LE CORYPHÉE, *s'approchant*.

Aux portes de ce temple avec des vœux propices
Nous avons fait monter l'encens des sacrifices.

ADMÈTE.

Combien je vous sais gré de votre dévoûment !

ALCESTE, *avec transport*.

O mon royal époux ! délicieux moment !
Que j'éprouve une joie ineffable et céleste
En voyant à chacun le cœur de ton Alceste !
Les dieux ont, et j'admire ici leur équité
Dans le bonheur d'autrui mis une volupté.
Quel intérêt on prend à sa noble personne ?
Comme il est doux de voir la vertu sur le trône !
Transports chers à mon cœur ! juste et glorieux prix

Des pénibles travaux pour l'État entrepris !

*(Alceste entraîne Phérès sur le devant du théâtre; tandis qu'Admète
va remercier les Thessaliens, elle dit à Phérès, à mi-voix avec
crainte :)*

Je renais au bonheur et j'oublie un mensonge
Que les dieux infernaux sur les ailes d'un songe
M'ont envoyé sans doute, heureux de mon tourment...
J'ai vu la Mort entrer dans son appartement,
Derrière elle sans bruit je me suis approchée ;
Elle a, le glaive en main, sur Admète penchée,
Coupé ses longs cheveux ; j'ai tressailli d'effroi :
Elle s'est retournée, est accourue à moi,
Sur le sein d'un époux, je me suis élancée ;
Mais, la mort m'a saisie, entre ses bras pressée ;
M'emportant, elle a pris le sentier des enfers
Au milieu d'une nuit de tempête et d'éclairs...

LE CORYPHÉE.

Le temple s'ouvre, ô roi !

*(Les portes du temple s'ouvrent. — La Pythie, suivie de quatre prê-
tresses s'avance, et va se placer sur les degrés de l'autel. Musique.)*

SCÈNE IV.

LES MÊMES, LA PYTHIE.

*(Pendant cette scène on entend une musique sourde d'abord, dont
les sons augmentent de force par degrés et finissent par éclater
a près les paroles de la prêtresse.)*

ADMÈTE, *s'inclinant.*
Prêtresse vénérée,

Au front majestueux, à la bouche inspirée ;
Le dieu qui cette nuit ranima mon espoir
Des Parques est allé supplier le pouvoir.
Ont-elles secondé sa suprême assistance ?
C'est toi qui dois ici prononcer leur sentence.
J'attends leur volonté plein d'un respect profond.
A tes augustes pieds le roi courbe son front.

LA PRÊTRESSE.

Les Parques, d'Apollon accueillant la demande,
Ont fait en ta faveur fléchir leur loi d'airain,
Mais à ta place il faut qu'une autre âme descende
Aujourd'hui chez Pluton, l'avare souverain.

(Elle se lève et sort après avoir prononcé l'oracle.)

SCÈNE V.

LES MÊMES, *moins* LA PRÊTRESSE.

*(Pendant cette scène, la musique suit une progression décrois-
sante.)*

ALCESTE, *à part.*

Qui va se dévouer?

ADMÈTE, *à part.*
Existence donnée
Au prix d'une autre, hélas !

PHÉRÈS.
Etrange destinée !
LE GOUVERNEUR, *à Admète.*
C'est l'heure où vos enfants ont coutume de voir
Leur gouverneur fidèle accomplir son devoir.
O difficile emploi, quelque soin qu'on se donne,
D'élever des enfants dignes de la couronne !...
Souffrez que je vous quitte !... (*Il sort.*)
ADRASTE, *à Admète.*
Et moi, prince, à mon tour;
Vous savez qu'on attend Hercule en ce séjour.
Souffrez, pour qu'on nous trouve exempts de toutes fautes,
Que j'aille préparer l'appartement des hôtes. (*Il sort.*)
PHÉRÈS, *s'approchant à son tour d'Admète.*
Les dieux veulent, mon fils, éprouver ta vertu.
(*Il parle à divers courtisans et se retire avec eux. — Le peuple les
suit.*)
ALCESTE, *à part.*
Son père aussi s'éloigne , et le peuple s'est tu.
(*La cour et le peuple se sont retirés peu à peu. — La musique cesse
tout à fait.*)

SCÈNE VI.

ADMÈTE, ALCESTE.

ALCESTE.
Pourquoi donc sur ton front cette tristesse empreinte ?
Maintenant en ton cœur reste-t-il quelque crainte?
Ce peuple généreux, à son prince attaché
Lui garde dans ses rangs plus d'un sauveur caché.
Oui, plus d'un briguera sans doute avec délice
Le renom immortel d'un si beau sacrifice.
J'entends encor les cris de chaque citoyen :
Vive Admète! doux vœu! n'appréhende donc rien.
ADMÈTE.
Un roi voit à regret pour conserver sa vie,
Une vie innocente à ses sujets ravie,
Mais sur leur dévoûment je ne m'aveugle pas.
Pour les chétifs mortels le jour a tant d'appas.
C'est un si grand bienfait et que si fort on aime,
Qu'il est bien peu commun d'y renoncer soi-même.
ALCESTE.
Cependant on l'expose, et mille et mille fois

La guerre en fait le jeu de ses sanglantes lois.
Séduit par le desir d'une vaine fortune,
Sur un frêle vaisseau l'homme brave Neptune!...
ADMÈTE.
L'espérance toujours réside au fond du cœur,
Et des vents et des flots on croit être vainqueur.
Dans les combats il est mal aisé d'être lâche
Lorsque le casque d'or surmonté du panache,
Lorsque le bouclier, et la lance, et les chars,
Aux regards éblouis s'offrent de toutes parts.
Au seul bruit du clairon on sent doubler son âme
Soit que d'un feu divin la gloire alors l'enflamme,
Soit qu'on cède à l'attrait, cruel, mais si puissant
Que le glaive altéré trouve à verser le sang.
L'instinct de l'existence étouffé sous les armes
Ne produit plus en nous de honteuses alarmes;
Mais un moment arrive où sans qu'on soit confus
On laisse cet instinct reprendre le dessus.
J'en fus souvent témoin : dans les champs de la guerre
Lorsque jeune et hardi, j'avais suivi mon père;
Combien de compagnons et des plus courageux,
N'ai-je pas vus tomber dans ces terribles jeux!
Ils pleuraient en mourant, chère réminiscence!
Leurs parents, le pays qui leur donna naissance.
Ils souhaitaient, au lieu du renom des héros,
Des pasteurs inconnus le durable repos.
La mort n'est bienvenue à l'entour de personne,
Le jeune homme à sa vue et s'irrite et s'étonne;
Il accuse les dieux, résiste et se débat;
Tout accablé de maux, le vieillard qui succombe,
Par un dernier effort se cramponne à la tombe.
ALCESTE.
On trouve néanmoins des esprits affligés
Qui du poids de la vie ont l'air d'être chargés,
Des cœurs désenchantés, des âmes toutes sombres,
Sur la terre enviant la douce paix des ombres.
ADMÈTE.
La vie est un remède à tout souci cuisant:
On ne tient qu'une fois ce fortuné présent!...
Vivre, aspirer l'air pur d'une heureuse contrée,
Voir l'aurore monter dans la voûte azurée,
Où, quand la nuit s'approche à l'Occident vermeil
Dans le vaste Océan descendre le soleil...
Aux doux chants des oiseaux goûter sur la verdure
Les bienfaits de Cérès, ceux que Bacchus procure;
Sourire à la beauté, près de son front si doux
Reposer mollement sa tête, heureux époux.
Etre entouré d'espoirs que Lucine a fait naître,
Jeune image où l'on voit s'éterniser son être,

Baiser de blonds cheveux, délicieux trésor,
Où Phébus-Apollon laissa ses rayons d'or.
Tenir entre ses bras dans une paix profonde
La mère et les enfants qui sont pour vous le monde,
Marcher, fier du respect qui succède à l'amour,
Sans devancer le temps jusqu'à son dernier jour!...
N'est-ce pas le destin le plus digne d'envie?
Quel autre le vaudrait?

ALCESTE, *à part*.
Comme il aime la vie!...
(*Haut.*) Dans l'ombre des prisons il est des condamnés
Par la rigueur des lois, au trépas destinés.

ADMÈTE.
Un oracle toujours cache quelque mystère,
L'offrande qu'on attend doit être volontaire.
Il faut que des enfers la sombre déité,
N'ait encor sur sa proie aucune autorité,
Voilà le sens fatal! Ils l'ont bien su comprendre,
Ceux qui pressés de fuir ont craint de nous attendre.

ALCESTE.
Sous les toits indigents j'irai répandre l'or.

ADMÈTE.
Chère Alceste, la vie est le premier trésor.

ALCESTE.
On meurt pour épargner à d'autres la misère.

ADMÈTE.
Partout on fermera l'oreille à ta prière.

ALCESTE.
J'irai m'agenouiller aux pieds des immortels.
De guirlandes de fleurs j'ornerai leurs autels;
Sous le couteau sacré pour les rendre propices,
Je répandrai le sang des plus grasses génisses :
Ils m'écouteront, eux, si les hommes sont sourds.
Ils connaissent nos cœurs, ils ont vu nos amours.
Où trouver un destin, dis-moi, pareil au nôtre?
Vécûmes-nous jamais un seul jour l'un sans l'autre?
Qui comprit mieux que nous le bonheur incessant
D'échanger un regard, un sourire, un accent
De pleurer quelquefois, de soupirer ensemble
Lorsque d'un poids secret le cœur s'oppresse et tremble?...
Si pour quelques moments nous étions séparés,
Moments trouvés bien longs et longtemps différés,
Songeant à tous les maux que l'absence redoute
Je sortais pour t'attendre au milieu de la route ;
Veillant quand le sommeil venait fermer tes yeux,
J'écartais de ton lit quelque songe odieux.
N'avoir qu'un même cœur, qu'une même pensée,
Rare félicité qui n'est pas surpassée,
Délices de l'hymen non encor épuisés,

Nous seriez-vous sitôt pour toujours refusés?
Qu'avons-nous fait ainsi repliés sur nous-mêmes,
Pour attirer des dieux les vengeances suprèmes?
Iraient-ils désunir ce qu'ils ont si bien joint!..

ADMÈTE.

Qui sait leur volonté ?

ALCESTE, *avec transport.*
Non , tu ne mourras point.

SCÈNE VII.

LES MÊMES, ADRASTE, LE CHŒUR, SERVITEURS D'ADMÈTE.

ADRASTE.

Seigneur , Hercule ici s'avance avec sa suite.

ADMÈTE.

Gardez bien , observant notre antique conduite ,
Qu'Hercule en arrivant n'apprenne d'un de vous
L'arrêt, qui de la mort suspend sur moi les coups.
La maison vainement de maux est accablée ,
L'hôte ne doit jamais en voir sa paix troublée.
Qu'Hercule chez moi goûte avec sérénité
Les plaisirs généreux de l'hospitalité.

SCÈNE VIII.

ADMÈTE, HERCULE, *suivi de ses serviteurs.*

ADMÈTE.

O fils de Jupiter, salut !

HERCULE.
Salut, Admète ,

Roi des Thessaliens.

ADMÈTE.
Sois heureux.

HERCULE.
Je souhaite

Que tu le sois aussi, cher Admète : celui
Qui montre un gai visage à la douleur d'autrui
Est toujours importun...

ADMÈTE.
Quelle cause t'amène ?

HERCULE.

Aux ordres d'Eurysthée un dur destin m'enchaîne ,
Je m'en vais accomplir un de mes grands travaux

ADMÈTE.

Ils tonnent le monde et n'ont point de rivaux.
Où vas-tu cette fois , sans compagnon qui t'aide ?

BIBLIOTHÈQUE ROYALE

HERCULE.

Enlever les coursiers du Thrace Diomède.

ADMÈTE.

Ces voraces coursiers, nourris de sang humain,
Dont le maître intrépide est fils de Mars ?

HERCULE.

                Ma main
Veut les soumettre au joug ; mais sous ce diadème
Fière et si réservée , est-ce Alceste ?

ADMÈTE.

           Elle-même.

HERCULE.

Fille de Pélias , le bruit de ta beauté
Est encore bien loin de la réalité !

ALCESTE.

La beauté chez la femme , Hercule, est un don rare,
Mais un don fugitif qui d'elle se sépare.
D'autres dons plus constants surpassent la beauté,
La pudeur, le silence et la fidélité.

HERCULE.

Alceste, tu dis vrai : oüi la beauté divine
Des mortels, des Etats, amène la ruine
Quand l'indiscrétion ou le manque de foi
De la sainte pudeur ont violé la loi.
Bien : tu m'as rappelé par ton prudent langage
Mon épouse Mégare, aussi belle que sage ,
Qui m'attend dans Argos avec mes chers enfants ,
Eux, que j'aime à presser dans mes bras triomphants
Quand je reviens goûter un repos salutaire
Après avoir au loin tranquillisé la terre.
     (Se tournant vers Admète.)
Les monstres, les tyrans dévolus à mon bras,
Me rappellent sans cesse à de nouveaux combats.
L'existence d'Hercule est agitée, Admète,
Par un souffle orageux comme la mer de Crète ,
Mais un dieu par moments, dieu bienfaisant et fort,
En laisse quelques flots trouver un heureux port.

ADMÈTE.

Pour servir les mortels la force t'est donnée,
Et tu sais bien remplir ta large destinée.
Tu m'as reçu jadis en ami dévoué
Dans ton palais d'Argos ; Jupiter soit loué !...
Puisqu'il permet qu'enfin dans la ville de Phère
Je t'ouvre également ma porte hospitalière.
Viens donc : un voyageur toujours la lèvre en feu
Soupire après Bacchus.

HERCULE.

           Oui, j'honore ce dieu.
Sous les traits d'un mortel à la fleur de son âge,

J'ai rencontré Bacchus dans un récent voyage,
Il portait un manteau brillant de pourpre et d'or.
Des corsaires d'Epire, enviant son trésor,
L'avaient chargé de fers : m'avançant vers leur maître
J'allais le secourir : le dieu se fit connaître.
Sur le vaisseau perfide à peine eut-il monté
Que l'on vit toute voile à son extrémité
Se festonner de pampre et de grappes vermeilles.
Chacun d'un œil avide admirait ces merveilles;
Soudain, nouveau prodige ! aux yeux des matelots
Ainsi que d'un pressoir le vin coule à longs flots.
Le patron du navire avec son équipage
Voulut dans un tonneau renfermer le breuvage;
Mais le dieu tout joyeux, en venant à ses fins,
Les plongea dans la mer transformés en dauphins.
Hercule, me dit-il, vois le sort que j'apprête
A tous mes ennemis...

ADMÈTE.

Qu'Hercule donc le fête.
Bacchus m'a fait des dons d'une exquise saveur,
Des dons dignes de toi. Viens.

ALCESTE, à part.

Cherchons un sauveur.

*(Elle s'approche de divers groupes de Thessaliens; elle les interroge
du regard, pendant qu'Admète présente Hercule aux citoyens de
Phère. — Marche. — Admète et Hercule reviennent la prendre,
et tous trois rentrent dans le palais vers la fin de la première
strophe.)*

CHŒUR DES VIEILLARDS THESSALIENS.

Gloire au vaillant Alcide
Au héros intrépide !
Méritons son appui !
Qu'il trouve en notre ville
Un doux et long asile :
Gloire à lui, gloire à lui !

Après la sortie d'Adraste, d'Hercule et d'Alceste.

Selon l'antique usage
Couvrons notre visage
D'un masque de gaîté
Par une noble feinte
Observons la loi sainte
De l'hospitalité.

En se tournant vers le temple d'Apollon.

Apollon, dieu sublime,
Arrache la victime
Aux enfers rigoureux,
Chacun tient à la vie,

C'est la plus chère envie
Des mortels malheureux !

FIN DU PREMIER ACTE.

ACTE II.

L'appartement d'Alceste. — Deux portes latérales ; une porte au fond ;
d'un côté, à gauche, la chambre des hôtes, de l'autre, à droite, les
appartements d'Alceste et du roi.

SCÈNE I.

SUIVANTES D'ALCESTE.

CHOEUR.

Alceste vient, des esclaves suivie,
Elle rapporte ici ses beaux présents ;
Pour obtenir qu'on renonce à la vie,
Tous ces trésors ne sont pas suffisants.

Une femme seule.

Mieux vaut au lever de l'aurore
Respirer le parfum des fleurs !
Mieux vaut goûter des fruits que dore
Le soleil prodigue en couleurs !

Mieux vaut la lumière céleste
Que les tissus, que les colliers,
L'or et l'argent qu'on laisse, Alceste,
A ses avides héritiers.

CHOEUR.

Alceste vient, des esclaves suivie,
Elle rapporte ici ses beaux présents ;
Pour obtenir qu'on renonce à la vie,
Tous ces trésors ne sont pas suffisants.

SCÈNE II.

ALCESTE.

(*Elle entre, précédant les esclaves chargés de riches présents.*)
Mettez là ces présents, mettez là ces guirlandes !...
Les hommes et les dieux refusent mes offrandes...
Laissez-moi.
      (*Les esclaves sortent sur un geste d'Alceste.*)
      Me berçant d'un espoir généreux,
J'ai frappé vainement au seuil des malheureux.

Bien loin de se piquer d'un effort magnanime
Aucun d'eux n'a voulu remplacer la victime.
Les plus humbles mortels, les plus infortunés
M'ont repoussée, hélas ! tous à vivre obstinés.
O peuple faux et vil dont les transports d'ivresse
Éclataient sur nos pas ; de ta vaine tendresse
Ce sont là les effets !... O plus indigne cour !...
Chacun cherche un prétexte à quitter ce séjour !...
On me fuit, redoutant mes vœux et ma prière,
Ceux qu'à mes pieds j'ai vus ramper dans la poussière,
Que d'un néant profond a retirés ma main,
Les premiers effrayés évitent mon chemin.
Pour me prouver l'ardeur de leur reconnaissance,
Naguère ils demandaient à perdre l'existence ;
Courtisans imposteurs !... Admète avait raison :
Ce n'est que lâcheté, ce n'est que trahison.
Tout me manque à la fois... Pas un, pas un esclave
Qui témoigne d'un cœur reconnaissant et brave.
Oui, même parmi ceux que la guerre épargna.
Nul n'est prêt à céder les jours qu'on lui donna.
Lorsque je pourrais tous, à la funèbre fête,
Les immoler demain sur la tombe d'Admète !...
Mais dans cette cité qui donc mourra pour lui ?...
Moi !... cher époux ! voilà ton infaillible appui !...
Puisque les dieux jaloux nous refusent la joie
De vivre ensemble heureux, qu'il leur faut une proie,
Alceste soustraira ta vie à leur fureur :
Mourir pour ce qu'on aime est encor du bonheur !

SCÈNE III.

ALCESTE, LE GOUVERNEUR.

LE GOUVERNEUR.

Madame, vos enfants desirent votre vue.

ALCESTE, *à part.*

Mes enfants !... ô douleur que je n'ai pas prévue...
Leur aspect m'ôterait la force du devoir.
Allons, point de faiblesse !... il ne faut pas les voir...

(*Au gouverneur.*)

Amenez-les plus tard : vous qui de leur jeunesse
Prenez le soin, pour eux redoublez de tendresse,
Parmi tous ces présents, choisissez quelque don ;
Si je vous offensai, j'implore mon pardon.

LE GOUVERNEUR, *surpris.*

Que dites-vous ?

ALCESTE, *à mi-voix.*

Voici, voici, l'heure où sans honte,
Avec la vie on doit régler un juste compte.

Mais je m'égare, hélas! et trahis mon secret...
Au temple!...

(Au gouverneur.)

Adieu, vieillard, adieu! Soyez discret.

(Elle sort par la porte du fond.)

SCÈNE IV.

LE GOUVERNEUR, seul.

Quel trouble dans ses traits! quel langage! où court-elle?
Au temple!... Ah! je le vois, cette épouse fidèle
En vain offrit ses dons, en vain gémit, pleura...
A quel prix, justes dieux! Admète existera!

SCÈNE V.

LE GOUVERNEUR, ADMÈTE, ADRASTE. (Ils entrent par la
porte latérale, à droite.)

ADMÈTE, à part.

L'heure fuit... nul ne s'offre aux Parques à ma place,
Et la mort de nouveau dans son filet m'enlace.
Je le sens... plus d'espoir... songeons que je suis roi,
Que ma cour me regarde et qu'un hôte est chez moi...

(Haut, à Adraste.)

Avec mes officiers, retournez près d'Hercule,
Pleine de vins exquis, que la coupe circule,
Parmi ses serviteurs, du soir jusqu'au matin,
Il aime à prolonger les douceurs du festin.
Unissez à la voix la flûte libyenne,
Que cet attrait encore au banquet le retienne;
Qu'un essaim de beautés captive aussi ses yeux,
Il connaîtra trop tôt la volonté des dieux.
Allez.

(Adraste se dirige vers la chambre des hôtes.)

SCÈNE VI.

ADMÈTE, LE GOUVERNEUR.

ADMÈTE, au gouverneur.

Que fait Alceste?

LE GOUVERNEUR.

Au temple elle est entrée.

ADMÈTE.

Pauvre Alceste! elle croit, gémissante, éplorée,
Que les dieux l'entendront. Elle prie...

LE GOUVERNEUR.

En effet,

Elle a recours aux dieux, seigneur.
ADMÈTE.

                              Amour parfait!
Je ne sais si ma grâce est par elle obtenue,
Mais ma force s'accroît, loin qu'elle diminue.
Peut-être que quelqu'un s'est dévoué pour moi.
LE GOUVERNEUR.

Cela se peut, seigneur.
ADMÈTE.

        Tu le crois?
LE GOUVERNEUR.

                              Je le croi.
ADMÈTE.

Vivre encor près d'Alceste !... ô suprême délice !...
Mais qui donc de sa vie a fait le sacrifice ?
Est-ce un homme du peuple, est-ce un grand de ma cour,
Est-ce un parent qui veut pour moi perdre le jour ?
LE GOUVERNEUR, à part.

Trop malheureux Admète ! ô magnifique exemple !
(Musique.)
ADMÈTE.

Quel bruit se fait entendre ?
(On entend des gémissements au dehors.)
LE GOUVERNEUR, étendant la main dans la direction du temple.
Alceste sort du temple.

Seigneur...
ADMÈTE.

        On la soutient, ses pas sont chancelants.
LE GOUVERNEUR, à part.

Je cours selon son vœu chercher ses deux enfants.
(Il sort par la porte latérale qui conduit aux appartements du roi.
— Musique.)

SCÈNE VII.

ADMÈTE, seul.

En croirai-je ma vue? Alceste défaillante !
Quel soupçon !... Je frémis... vainement suppliante,
Sur elle-même, hélas ! pour sauver son époux
A-t-elle du destin détourné le courroux ?

SCÈNE VIII.

ADMÈTE, ALCESTE, entrant par la porte du fond. Elle est ap-
puyée sur le bras de ses esclaves. Le chœur reste dans le fond,
en dehors de la porte ; les femmes d'Alceste se tiennent auprès du
seuil.
ADMÈTE.

Qu'as-tu fait?... la parole expire sur ta bouche,

Est-ce, est-ce la Mort qui s'approche et te touche ?
Dur destin ! Je ne puis douter de mon malheur,
Sa joue a déjà pris une sombre couleur. (*La musique cesse.*)
ALCESTE, *assise dans un fauteuil.*
O lumière du jour! ô célestes nuages!
O tourbillon rapide! ô changeantes images !...
ADMÈTE.
Son esprit en délire est loin d'elle emporté :
Dieux ! quelle récompense à tant de piété !
ALCESTE.
O palais d'Iolcos, terre de ma patrie !
Hélas !
ADMÈTE.
Ranime-toi, reviens au temple, prie,
Prie avec moi les dieux que j'ai tort de braver ;
Sans doute leur dessein est de nous éprouver.
ALCESTE, *toujours dans le délire.*
Je vois déjà Caron et la barque infernale ;
Le vieux nocher, la main sur la rame fatale,
M'appelle et dit : Allons, tu me retardes, viens,
Qui t'arrête là bas ?... descends, tu m'appartiens.
Caron me presse ainsi dans son impatience.
ADMÈTE.
Vain rêve ! dans la vie aie encor confiance !
ALCESTE, *se levant avec agitation.*
On m'entraîne, on m'entraîne... Eh ! ne le vois-tu pas?
C'est la cour de Pluton... Retiens, retiens mes pas.
Que dis-je!... autour de moi, Pluton, Pluton lui-même
Vole, et vient de mes jours hâter l'instant suprême.
Quels terribles regards !... il s'écrie en fureur :
Que fais-tu ? — Laisse-moi, dieu des enfers... j'ai peur !
(*Elle retombe dans le fauteuil.*)
ADMÈTE.
Malheureux que je suis ! Alceste, chère Alceste,
Me faire entendre, hélas ! un discours si funeste !
Retrouve tes esprits : ne vois-tu pas mes pleurs ?
N'entends-tu pas mes cris? Ah ! si tu meurs, je meurs !
ALCESTE, *avec douceur.*
O couche nuptiale ! ô couche sainte et pure !
Où, vierge j'ai laissé dénouer ma ceinture,
C'est par toi que je meurs, mourant par mon époux
Cependant contre toi je n'ai pas de courroux.
Une autre épouse, ô ciel ! doit-elle te connaître,
Non plus chaste que moi, plus heureuse peut-être ?...
ADMÈTE.
Tu me perces le cœur avec de tels accents,
C'est ma voix qui te parle et ma main que tu sens.
ALCESTE, *revenant à elle.*
Admète, mon époux !

ADMÈTE.
Elle m'entend !

ALCESTE.
Où suis-je ?

ADMÈTE.

Dans mes bras!

ALCESTE.
J'éprouvais un funèbre vertige.

ADMÈTE.

Sans doute, rien n'est vrai.

ALCESTE.
Rien n'est vrai que la mort.
Admète, elle s'approche... oui, mon cœur bat moins fort,
Les ténèbres déjà recouvrent ma paupière.

(*Musique.*)

SCÈNE IX.

LES MÊMES, LE GOUVERNEUR, LES ENFANTS D'ALCESTE.
(*Ils entrent par la porte latérale.*)

EUMÉLUS, *avec un cri de douleur.*

Ma mère !

ALCESTE.
Mes enfants, une étreinte dernière.

ADMÈTE.

Je demeure interdit !... ô dévoûment profond
Auquel je ne puis croire ! ô sort qui me confond !
Les dieux, c'est en cela que je vois leur colère,
Les dieux auraient-ils dû céder à ta prière ?
Non, je n'accepte pas leur bienfait prétendu,
Je cours rendre à ces dieux le jour qui leur est dû.
C'était pour la passer auprès de ce que j'aime
Que je voulais la vie, et non pour elle-même...
Je cours de leur oracle...

ALCESTE.
Il ne changera plus.
Rien ne peut déranger ses décrets absolus.
La prêtresse l'a dit : tu vivras, cher Admète.

ADMÈTE.

Eh quoi !

ALCESTE.
Tout autre vœu le destin le rejette.

ADMÈTE.

Mais as-tu pu penser que je te survivrais ?
Sans ton amour la vie est pour moi sans attraits.
Le nœud qui nous unit, de si près nous assemble,
Alceste, qu'un seul coup doit nous frapper ensemble.
Mille sentiers, d'ailleurs, conduisent chez les morts ;
Qui les cherche, toujours les trouve sans efforts.

ALCESTE.

Lorsque je meurs, tu dois vivre pour ta famille,
Pour couronner ton fils, pour marier ta fille,
Mes enfants, demeurez à quelques pas...
(Les enfants s'éloignent.)
C'est bien,
Que l'on ne trouble pas ce suprême entretien.
(Elle s'avance avec Admète sur le devant de la scène. On enlève le fauteuil.)

ADMÈTE.

O sort fatal !

ALCESTE.
Tu vois où le sort m'a réduite,
Admète, écoute-moi, comprends bien ma conduite,
Afin de reconnaître un bienfait précieux.
Je ne jouirai plus du spectacle des cieux.
J'entre dans le tombeau lorsque je pouvais vivre.
Les dieux ne m'avaient pas même enjoint de te suivre.
L'intérêt de l'Etat m'aurait fait une loi
De choisir un époux pour remplacer le roi.
Personne assurément ne m'en aurait blâmée,
Brillante de jeunesse un autre m'eût aimée.
Un royaume opulent me gardait ses trésors,
J'ai préféré pour toi la demeure des morts.
Je n'ai point hésité !... Cependant ton vieux père,
Aurait plus tôt que moi dû perdre la lumière,
Lui dont la vie est près d'avoir fourni son cours.
Au lieu de fuir, s'il eût offert pour toi ses jours,
Tu ne pleurerais pas la perte d'une épouse,
Mais ainsi l'a voulu la fortune jalouse.

ADMÈTE.
Tu m'enlèves l'honneur !

ALCESTE.
Oh ! ne m'interromps pas.
Ton courage affronta mille fois le trépas.
Ton honneur est intact... la grâce que j'envie,
Car je t'en demande une en retour de ma vie,
C'est de prendre bien soin de nos jeunes enfants.
Qu'un père ait seul sur eux ses droits doux et puissants !
Ne leur donne jamais une injuste marâtre ;
De ses enfants la mère est toujours idolâtre.
Qu'une autre femme ici n'impose pas sa loi...
Je te parle pour eux, Admète, et non pour moi.
La marâtre cruelle autant qu'une vipère,
Détourne des enfants l'affection d'un père.
Mon fils aurait en toi sans doute un défenseur,
Un fils se fait entendre, il se plaint, mais sa sœur...
Si la marâtre, hélas ! à ses côtés s'attache,
Ma fille en recevra tôt ou tard quelque tache.
Ma fille aurait-on soin de ta jeune pudeur ?

Une atteinte est sitôt portée à la candeur !
L'espoir de ton hymen se flétrirait peut-être !...
Mais ma voix s'affaiblit et je vais cesser d'être...
La mort... dur créancier, vient réclamer ses droits.
Adieu, cher époux, vis et pense quelquefois
Qu'on trouve rarement, dans la vie éphémère,
Une meilleure épouse, une meilleure mère.
　　(Admète la conduit vers un lit de repos et tombe à ses genoux.)
　　　　　　　　　ADMÈTE.
Ah ! quel homme oublierait jamais ce que tu fis !
Mais il fallait songer à ta fille, à ton fils,
Il fallait sur leur sort réfléchir davantage,
Lorsque de les quitter tu sentis le courage.
Puis-je aimer mes enfants comme tu les aimais?
Un père se remplace, une mère jamais !
Du reste, ne crains rien : aucune, aucune épouse
N'entrera dans mon lit : va, ne sois pas jalouse,
Va, ne redoute pas qu'un jour, père inhumain
Non moins qu'époux ingrat, je forme un autre hymen.
　　　　　　ALCESTE, *faisant venir ses enfants.*
Mes enfants, vous venez d'entendre votre père,
Vous n'avez pas à craindre une seconde mère.
　　　　　　　　　ADMÈTE.
Je le promets !
　　　　　　　　　ALCESTE.
　　　Reçois nos enfants de ma main.
　　　　　　　　　ADMÈTE.
Don cher et douloureux !
　　　　　　　　　ALCESTE.
　　　　　　　Adieu, séjour humain.
Beau séjour où j'aimai, c'en est fait, je te laisse !
Je sens de plus en plus s'accroître ma faiblesse.
　　　　　　ADMÈTE, *avec un profond désespoir.*
Alceste, emmène-moi jusqu'au fond des enfers,
Au nom des dieux !
　　　　　　　　　ALCESTE.
　　　　　　Non, vis.
　　　　　　　　　ADMÈTE.
　　　　　　　　　　Quelle épouse je perds !
　　　　　　(Musique.)
Qu'une dernière fois ton regard sur nous brille.
　　　　　　　　　ALCESTE.
Mon regard s'est voilé...
　　　(Elle cherche sa fille et son fils d'une main incertaine.)
　　　　　　　Viens, mon fils, viens, ma fille !..
Du cœur de votre mère approchez, mes enfants,
Pendant qu'il bat encor...
　　(Elle serre ses enfants sur son cœur et se retourne vers la statue de
　　　　　　　　Vesta.)

                        Déesse qui défends
Le foyer domestique, à toi sainte déesse
Pour la dernière fois ma prière s'adresse ;
Écoute-moi, Vesta, sois bonne aux orphelins,
De ma fille et mon fils protége les destins.
Qu'ils grandissent ici, que l'hymen, dieu propice,
Leur fasse de la terre épuiser le délice ;
Au jour, comme leur mère éteinte à son printemps,
Puissent-ils n'être pas ravis avant le temps!
                        (*Elle meurt.*)
                    ADMÈTE.

Alceste!.. elle n'est plus...
                        (*Musique.*)
                    EUMÉLUS.
                        Ma mère... sa paupière
Fixe, ne semble plus connaître la lumière.
Réponds, toi, qui jamais ne sus me refuser ;
Réponds, c'est ton enfant qui te donne un baiser.
            (*Il embrasse sa mère, et sa sœur l'imite.*)
                    ADMÈTE.

Mon fils! elle ne peut ni te voir ni t'entendre,
Ferme, ferme ses yeux ; bien : laisse-moi reprendre
L'anneau du mariage. (*Au chœur.*) Et vous, secondez-moi...
Approchez, partagez le deuil de votre roi.
(*Le chœur s'approche et se range autour du corps d'Alceste; on ap-
    porte au coryphée une obole, un gâteau de miel, un voile fu-
    nèbre.*)

                    EUMÉLUS.

Tout jeune encore, hélas! et privé de ma mère,
Permets que par trois fois je l'appelle, ô mon père ;
« Alceste, Alceste, Alceste, entre ces assistants,
» Tu reconnais ma voix, n'est-ce pas? tu m'entends?
» La voix d'un pauvre enfant, dans le royaume sombre
» De sa mère toujours a dû réveiller l'ombre.
» Ecoute donc mes vœux si je puis les former,
» Le cœur gros de soupirs, j'ai peine à m'exprimer.
» Je te promets ici, par cet adieu suprème,
» De protéger ma sœur, comme mon père même.
» Lorsque le temps aura, dans la mûre saison,
» O ma mère, augmenté ma force et ma raison.
        (*Il prend des mains du coryphée l'obole et le gâteau de miel.*)
» Accepte de mes mains l'obole nécessaire
» Pour le sombre nocher ; prends aussi pour Cerbère
» Ce pur gâteau de miel, et que dans les enfers
» Nul ne puisse douter de nos regrets amers ;
» Je voudrais à la mort sans craindre cette épreuve
» Ravir ton ombre errante au bord du fatal fleuve,
» J'oserais affronter le péril, mais la Mort,
» Si faible que je suis, rirait de mon effort.

CHŒUR D'HOMMES ET DE FEMMES.

Tournant son beau visage
Et ses pieds vers le seuil,
Pour son dernier voyage
Préparons son cercueil.

UNE VOIX DE FEMME.

Belle Alceste, noble femme,
Dont nous apprêtons le deuil,
Sois heureuse, qu'à ton âme
Pluton fasse un bon accueil.

LE CHOEUR.

Apportez l'eau lustrale,
Et que l'encens à flots.
Autour d'elle s'exhale
Avec nos longs sanglots.

UNE VOIX D'HOMME.

Les poètes à ta gloire,
Consacrant leurs plus beaux vers,
Feront durer ta mémoire
Autant que notre univers.

LE CHOEUR.

Tournant son beau visage,
Et ses pieds vers le seuil,
Pour son dernier voyage
Préparons son cercueil.

*Au moment où le chœur va s'éloigner en emportant Alceste, on entend
tout à coup des chants joyeux qui partent de la chambre des hôtes.*

LE CORYPHÉE, *avec surprise.*

Quels sons!

CHOEUR *joyeux dans l'intérieur.*

Avant qu'on voie
Le sombre bord
Vive la joie!
Nargue la mort!
La mort est triste.
Bons vins, amours,
Tant que j'existe
Charmez mes jours!

*Admète qui est resté assis et plongé dans le plus grand chagrin,
pendant le chœur funèbre, se lève avec émotion.*

ADMÈTE, *voyant venir Hercule.*

Hercule vient ignorant nos douleurs,
La coupe dans la main, le front orné de fleurs!
Ne lui laissez pas voir le regret de vos âmes,

Etouffez vos soupirs! séchez vos pleurs, ô femmes!
Souvenez-vous qu'Hercule est mon hôte et qu'on doit
Epargner ses chagrins à celui qu'on reçoit;
C'est la loi du pays : Cachez le corps d'Alceste...

(Au gouverneur.)

Emmenez ces enfants!

(Le gouverneur emmène les enfants. — Les Thessaliens se rangent autour du corps d'Alceste, de manière à le cacher aux yeux d'Hercule.)

SCÈNE X.

LES MÊMES, HERCULE, *une coupe à la main, suivi de serviteurs dont l'un porte une amphore. Ses compagnons sont couronnés de fleurs comme lui.)*

HERCULE, *dans un état de demi ivresse.*
Quel breuvage céleste!
Bacchus mérite bien le culte des mortels!
Je veux en tout pays lui dresser des autels.
O Bacchantes! venez de votre thyrse armées,
D'un délire fougueux par l'orgie animées,
Moi-même, en excitant vos danses et vos jeux,
Je conduirai vos pas... Mais quel front nuageux,
Admète... enivre-toi du doux jus de tes vignes...
Que vois-je? ici d'un deuil je reconnais les signes,
Parle! un de tes enfants, hélas! serait-il mort?

ADMÈTE.
Non!

HERCULE.
Ton vieux père ou ta mère ont-ils fini leur sort?

ADMÈTE.
Non!

HERCULE.
Ton épouse, Alceste?

ADMÈTE, *avec effort.*
Une femme étrangère.
A vu fuir de ses jours la clarté passagère.
Mais elle appartenait à ma maison; permets
Qu'on emporte son corps, Hercule, et sois en paix.

(On emporte le corps d'Alceste. Admète le suit le front incliné.)

SCÈNE XI.

HERCULE, SERVITEURS D'ADMETE, *le chœur,* ADRASTE.

HERCULE.
Les morts sont morts. Du vin! esclave, verse à boire!
Léthé délicieux ou l'on perd la mémoire
Sans quitter la lumière, ô divine liqueur,

Vin, autant que l'amour tu réjouis le cœur !
                (*Aux serviteurs d'Admète.*)
Pourquoi ces yeux baissés, pourquoi ces fronts moroses?
Couronnez-vous aussi de guirlandes de roses.
                (*Au coryphée.*)
Toi qui parais si triste, ô vieillard! viens ici,
Hercule veut t'apprendre à vaincre le souci.
Accorde-moi d'abord, et tu le peux sans peine,
Qu'il est un terme sûr à l'existence humaine,
Qu'on le croit éloigné, lorsqu'il est tout prochain,
Qu'aucun homme, jamais n'a pu dire : à demain.
Ce point bien entendu, qu'ordonne la sagesse?
De profiter des jours que le destin nous laisse.
Par son aile, au passage, homme, sache saisir
Quand il est près de toi, le rapide plaisir.
Sacrifie à Bacchus, parmi d'aimables groupes ;
Chasse la peine au bruit des chansons et des coupes.
Honore aussi Vénus, blonde divinité
Dont la douce faiblesse a tant d'autorité ;
Elle étend son pouvoir sur tout ce qui respire :
Insensé qui résiste à son charmant empire.
Ceins donc ton front de myrthe et suis—moi dans ce lieu ;
                (*Il montre la chambre des hôtes.*)
Bois et chante avec nous ! nos jours durent si peu.
A table quand la joie avec le vin pétille,
Quand l'œil de la beauté d'un tendre desir brille,
Du bonheur d'exister montrons-nous satisfaits,
Remercions les dieux de leurs plus grands bienfaits.
Soupirer tristement, rester toujours austère,
Ce n'est pas vivre, c'est végéter sur la terre.
                    LE CORYPHÉE.
Je savais tout cela : mais ce n'est pas l'instant
De rire et de chanter quand un deuil nous attend.
                    HERCULE.
Le deuil d'une étrangère !...
                    LE CORYPHÉE.
                Hélas !
                    HERCULE.
                De quelque esclave ?
                    LE CORYPHÉE.
Plût aux Dieux !
                    HERCULE.
            Que dis-tu?
                ADRASTE, *bas au Coryphée.*
                    Silence !
                CORYPHÉE, *bas à Adraste.*
                        Ah ! il nous brave !...
Grossier comme une cyclope, au sein de nos douleurs,
Sa gaîté me fait mal quand Admète est en pleurs.

HERCULE, *avec force.*

Explique-toi, vieillard, quel deuil conduit Admète?
M'aurait-il donc trompé? quelle perte a-t-il faite?

LE CORYPHÉE.

Il s'est tu par respect pour l'hospitalité...

HERCULE.

Enfin?

LE CORYPHÉE.

Alceste est morte !
(*Hercule se retourne vers Adraste.*)

ADRASTE.

Oui, c'est la vérité.
Condamné par les dieux, sous leur arrêt funeste
Admète à nos regards expirait, quand Alceste
Pour lui s'est dévouée.

HERCULE.

O rare dévoûment
Egal à mes travaux !... Et toi, prince, au tourment
Sans en rien dévoiler ton cœur était en proie,
Lorsque éclatait ici mon indiscrète joie !
Mortel religieux ! en ce pays vanté
Pour observer les lois de l'hospitalité !
Je saurai te prouver que de l'ingratitude
Hercule encor n'a pas contracté l'habitude.
Je joindrai mes regrets et mes soupirs aux leurs.
Plus de coupe à ma main, à mon front plus de fleurs !
(*Il jette sa coupe et arrache sa couronne de roses.*)
A quel endroit, d'Alceste ont lieu les funérailles?

ADRASTE.

Au tombeau de nos rois, non loin de nos murailles.
Elles s'accompliront au milieu de la nuit.

HERCULE.

Le chemin de Larisse à ce tombeau conduit,
Tout près du monument se trouve un vaste abîme,
Que Pluton, pour saisir une lente victime,
Ouvrit, montant le fond de ses états obscurs;
Les mortels effrayés le ceignirent de murs...
La Mort en fit son antre : on voit sous ces murs sombres,
Parfois l'esprit ailé, noir conducteur des ombres,
Goûter les mets sanglants, posés près d'un cercueil !

ADRASTE.

Oui, seigneur.

HERCULE.

Il suffit, suivez, suivez le deuil.
(*Adraste et les serviteurs d'Admète sortent d'un côté. — Hercule
rentre dans la chambre des hôtes avec ses compagnons.*)

FIN DU DEUXIÈME ACTE.

ACTE III.

Dans le fond du théâtre un tombeau. — Sur un des côtés de la scène,
à droite, un bûcher. — Plus loin l'antre de la mort. — Funérailles
d'Alceste à la lueur des torches et des flambeaux. — Alceste, vêtue
de blanc est étendue sur le bûcher auprès duquel Admète est appuyé.
— Le chœur, composé d'hommes et de femmes et séparé en deux moi-
tiés, entoure le cercueil. — Les coéphores font des libations. —
Joueurs de flûte. — Il fait nuit. — Musique.

SCÈNE I.

CHŒUR.

Femmes seules.

O malheur,
O Pluton! dieu funeste!
Hommes seuls.
O mon cœur
Plains le destin d'Alceste!
Tous.
Ah! dans ce jour
Quel généreux amour,
Quel courage!
O douleur!
A la fleur
De son âge,
Sans efforts
Voir des morts
Le rivage!
O mon cœur
Plains le destin d'Alceste!
O Pluton dieu funeste!
O malheur!

ADMÈTE, THESSALIENS, THESSALIENNES, *Chœur d'introduction.*

ADMÈTE.

O vous qui prenez part à mes peines amères,
Vous qui m'accompagnez, ô citoyens de Phères,
A côté du tombeau, près de l'antre d'où sort,
Pour frapper les humains, l'impitoyable Mort,
Placez une victime aux enfers consacrée,
Afin que, respectant cette funèbre entrée,
(*Il montre le tombeau.*)
Un moment satisfaite en son avidité,
La déesse, d'Alceste épargne la beauté!
Alceste, Alceste, hélas! Mais que vois-je?... mon père...

Avec ses serviteurs, vers ce lieu funéraire,
Vient, apportant les dons consacrés à la mort...
Lui, se peut-il?

SCÈNE II.

ADMÈTE, PHÉRÈS, *suivi de serviteurs chargés de différents orne-*
ments.

PHÉRÈS.
Mon fils, je gémis sur ton sort,
Tu perds, ô destinée à jamais malheureuse,
L'épouse la plus chaste et la plus vertueuse!
Mais homme, il faut savoir s'accoutumer aux maux.
Reçois ces vêtements, ces colliers, ces anneaux...
Dépose ces trésors dans la tombe d'Alceste.
Il doit m'être permis, à cette heure funeste,
D'unir mes dons aux tiens, mon fils, et d'honorer
L'épouse à qui je dois de ne te pas pleurer.
C'est moi qui déjà vieux t'offris cette compagne,
Digne appui de tous deux !... que la paix l'accompagne!
ADMÈTE.
Mon père, j'étais loin de m'attendre à vous voir;
Nul ne vous a mandé pour ce pieux devoir.
Lorsque ma vie était par les dieux menacée,
Votre âme à mes destins s'est-elle intéressée?
Demeuré dans vos champs, au sein des bois épais,
Vous n'avez pas franchi les degrés du palais;
Remportez vos présents...
PHÉRÈS.
Dieux ! que viens-je d'entendre !
Voilà quelle justice un fils a su me rendre !
Tu crois donc que craintif, me tenant à l'écart,
Admète, à ton malheur je n'ai pris nulle part;
Je cherchais comme Alceste un sauveur, et personne
N'écouta mes vœux... Moi, qui t'ai donné le trône,
M'accuser !... J'obéis au lieu de commander,
J'ai quitté le pouvoir que je pouvais garder !
C'est un effort bien rare, et très peu de monarques
Ont résigné le sceptre avant l'arrêt des Parques !...
Tu règnes en mon nom sur les Thessaliens,
Je t'ai fait, moi vivant, héritier de mes biens,
Ce n'est donc pas assez au gré de ton envie,
Ingrat, et sans pudeur tu demandes ma vie !
ADMÈTE.
De combien de respects vous fûtes entouré...
PHÉRÈS.
Le prix de ton respect est trop haut à mon gré ;
La Grèce n'a jamais encor dans sa justice,

D'un père pour son fils ordonné le supplice.

LE CORYPHÉE, *s'approchant.*

O pénibles débats ! dur langage échappé
A la bouche d'un fils que les dieux ont frappé !
Epargne à ton vieux père une telle amertume,
O roi, prends ce flambeau, que ce bûcher s'allume !

ADMÈTE.

Non : dans ce monument reposez ses attraits,
Laissez-moi la pleurer seul sous ces noirs cyprès.]

PHÉRÈS, *avec reproche:*

O mon fils !..

ADMÈTE, *retenant les serviteurs qui emportent le corps d'Alceste.*

Arrêtez : sous la voûte étoilée
Laissez-moi voir sa tête un instant dévoilée !..
Que je l'admire encor ! La mort a respecté
Jusques à ce moment sa grâce et sa beauté.
La mort, la mort n'a pas sur sa lèvre muette
Changé la rose encor en pâle violette.
Son teint pur a gardé sa vermeille couleur !
On dirait qu'elle dort et pourtant, ô douleur !
Il ne va demeurer de ses attraits sur terre
Qu'un peu de cendre au fond d'une urne solitaire.
(*Après avoir embrassé Alceste à plusieurs reprises, il laisse empor-*
ter le corps dans le tombeau. — Le chœur se porte vers le fond
du théâtre.)

ADMÈTE, *sur le devant de la scène.*

Ce n'était pas le jour, c'est elle que j'aimais...
Elle meurt... je ne puis exister désormais.
Ce bûcher de nous deux ne fera qu'une cendre,
Nos âmes aux enfers à la fois vont descendre :
Depuis que tu n'es plus que n'ai-je pas souffert ?
Comment habiterais-je en mon palais désert ?
Comment faire un seul pas sans qu'un écho fidèle
Me dise : Elle était là : peux-tu vivre sans elle ?
Qu'est devenu le temps où mon heureux séjour,
Me vit sous ses splendeurs, en m'enivrant d'amour ;
Aux lueurs des flambeaux, au bruit des chants de fête,
Conduire par la main ma charmante conquête ?
Mon père... plus qu'Alceste, avare de ses jours,
A mes jeunes enfants garde au moins un secours.
Son âge peut encore supporter la couronne,
Jusqu'au temps où mon fils montera sur le trône...
De te survivre, Alceste, ai-je donc fait serment ?
J'éludai ta prière à ton dernier moment,
Il est temps de mourir.
(*Il tire son poignard et fait quelques pas vers le tombeau; Phérès et*
le Coryphée, qui ont épié de loin tous ses mouvements se précipi-
tent vers lui.

LE CORYPHÉE.
O roi! qu'allez-vous faire ?
PHÉRÈS.

Admète !

ADMÈTE.
Je prétends la rejoindre, mon père.
PHÉRÈS.

Un tel dessein, Admète... ô cœur injuste, ingrat !
C'est trahir à la fois tes enfants et l'Etat.

ADMÈTE.
Mon père, pardonnez ce que j'ai pu vous dire.
Vous me remplacerez...

PHÉRÈS.
Moi, reprendre l'empire,
Le sceptre est trop pesant pour ma débile main.
Nos ennemis jaloux se vengeraient demain
De mes anciens succès, en voyant mon courage
Eteint à tout jamais sous les glaces de l'âge...
Attends donc que ton fils compte entre les guerriers,
Qu'on dise : Il est vaillant, respectons ses foyers.
Montre des sentiments dignes en tout d'un homme,
Dignes d'un roi qui doit ses jours à son royaume.

ADMÈTE.
Lequel de mes sujets voulut mourir pour moi ?
LE CORYPHÉE.

Etait-ce un devoir ? Non... Mais agissant en roi,
Jette-nous par milliers sur les champs de batailles.
Nous te ferons alors de sanglantes murailles
De nos corps palpitants, prompts à te secourir ;
Chacun doit ici bas à son poste mourir.
Alceste est morte au sien; elle a dû comme mère
A sa place, aujourd'hui, te laisser sur la terre.
La mère aux orphelins offre un appui léger,
La mère ne peut pas suffire à tout danger.
Quelque avide voisin dévore l'héritage
Des enfants que le père a laissés en bas âge ;
A ses anciens amis ils portent leurs douleurs,
Pleins d'amers souvenirs, les yeux baignés de pleurs.
Au fardeau de leurs maux c'est à qui se dérobe,
Humbles chez l'étranger, s'attachant à sa robe,
La prière boiteuse accompagne leurs jours ;
Le père est oublié; ceux qu'ils trouvent moins sourds
Les éloignent bientôt : la coupe à demi pleine,
Présentée à leur soif les désaltère à peine...

ADMÈTE.
Alceste !.. Alceste !.. O cieux !
PHÉRÈS.
Le temps sait nous guérir.

ADMÈTE , *avec force.*
Et voilà justement pourquoi je veux mourir.
J'ai peur de l'oublier... De la douleur humaine
J'ai sondé le néant, ce n'est qu'une ombre vaine.
LE CORYPHÉE.
Loi juste, divin baume, à tant de maux amers !...
Changement sur lequel repose l'univers...
Le sort fit aux mortels, et ce fut une grâce,
Un cœur où le chagrin, ainsi qu'un torrent passe,
Quand le tribut des pleurs et des devoirs pieux
Accompagna les morts, on est quitte envers eux...
ADMÈTE.
Quitte envers eux, jamais !
PHÉRÈS.
Que le bûcher dévore
Cette forme terrestre.
ADMÈTE.
Oh ! non, non, pas encore !
PHÉRÈS.
Quitte au moins ce tombeau, quitte ce noir cercueil ,
Cher Admète, à l'aurore épargne un pareil deuil
Songe à tes deux enfants, sois père de famille,
Viens, viens les embrasser...
ADMÈTE.
O mon fils, ô ma fille !
Oui je suis père encore, oui, je veux vous revoir.
     (*A part.*)
Mais comme époux aussi, je ferai mon devoir,
Je saurai te rejoindre avant que le jour naisse :
Mon Alceste, attends-moi, je t'en fais la promesse.

SCÈNE II.

LE CORYPHÉE, LE CHOEUR.

LE CORYPHÉE, *remontant avec le chœur vers l'antre de la Mort.*

Le roi s'éloigne, nous prions ici la Mort.
Pâle divinité qui n'obéit qu'au sort,
Trop jaloux de tes droits, Vulcain souvent t'enlève,
Quand tu crois les saisir, ceux qu'a frappés ton glaive.
Un époux écarta la flamme du bûcher !...
A cette noble proie, oh ! ne viens pas toucher !...
Les yeux étincelants et la narine ouverte,
O Mort ! contente-toi de la brebis offerte...
Elle vient... la voilà... son glaive entre les mains ,
Son filet sur l'épaule !

(*Le chœur, se retirant sur le devant de la scène en se mettant
à genoux.*)
O cieux !

SCÈNE IV.

LES PRÉCÉDENTS, LA MORT. — *Musique.*

LA MORT.

Lâches humains,
Tremblez... je vous connais... vous négligez mon culte.
Quand je suis loin de vous, me prodiguant l'insulte,
Pâlissant à ma vue !...

LE CORYPHÉE, *à genoux.*
O Mort, épargne-nous
Mort, nous t'honorerons. Suspends, suspends tes coups !

LA MORT.
Allons, relevez-vous; c'est l'épouse d'Admète
Que je cherche en ce jour !

(*Elle se dirige vers le seuil du tombeau.*)

SCÈNE V.

LA MORT, HERCULE.

HERCULE, *sur le seuil du tombeau.*
Arrête, Mort, arrête !...

LA MORT.
Qui m'interroge ainsi ? que dois-je aux autres dieux ?
Est-ce encore Apollon, adversaire odieux ?...

HERCULE, *s'avançant.*
C'est un mortel !

LA MORT, *d'un air de doute, et montrant le chœur qui s'est porté sur
le devant de la scène et s'est jeté à genoux.*
Tout homme à mon aspect recule,

HERCULE.
C'est un mortel, te dis-je.

LA MORT.
Et lequel donc ?

HERCULE.
Hercule !
Tu n'es pas sans avoir entendu quelquefois
Dans ton royaume obscur parler de mes exploits ?
Par mon bras plus d'un homme a connu ta puissance,
Et tu me dois au fond quelque reconnaissance.

LA MORT.
Que me veux-tu ?

HERCULE.
Je viens au nom de l'amitié,

Pour un malheureux prince exciter ta pitié.
LA MORT.
Ma pitié! la pitié des enfers !
HERCULE.
Sois sensible,
Ne fût-ce qu'une fois, divinité terrible!...
LA MORT, *avec ironie.*
Ma pitié !
HERCULE.
Tu peux tout sur les Parques tes sœurs,
Obtiens qu'Alceste soit accordée à nos pleurs,
Que Lachésis renoue avec sa blanche laine
La trame interrompue...
LA MORT.
Allons, prière vaine !
Plus de retard... L'aurore aux cieux va se montrer,
Hercule, en ce tombeau laisse-moi pénétrer.
Fuis.
HERCULE.
C'est à toi de fuir, esprit sombre et funeste !...
LA MORT.
Crains mon glaive acéré.
(La Mort s'avance vers le tombeau. Hercule saisit le bras de la
Mort. La musique redouble.)
HERCULE.
Tu me rendras Alceste,
Il n'est pas de pouvoir qui t'arrache à mon bras;
Tu me rendras Alceste. Oui, tu me la rendras.
(La Mort entraîne Hercule dans le tombeau.)

LE CORYPHÉE.
Viens en aide à ton fils, ô Jupiter !...
(Il s'approche du tombeau.)
Sans crainte
Il enlace la Mort dans une dure étreinte;
Je la vois à ses pieds, tordre ses bras meurtris.
Ainsi qu'un être humain elle pousse des cris.
LA MORT, *dans le tombeau.*
Hercule, épargne-moi, grâce... ô cruelle injure!
Alceste revivra.
HERCULE, *dans le tombeau.*
Par le Styx!
LA MORT, *dans le tombeau.*
Je le jure.
LE CORYPHÉE.
La Mort revient vers nous. Ah! fuyons sans retour.
(Le chœur se disperse de différents côtés.)
LA MORT, *sortant du tombeau, seule et désarmée.*
Vaillant Hercule, adieu, j'aurai, j'aurai mon tour !
(Elle s'enfuit vers son antre.)

SCÈNE VI.

HERCULE.

HERCULE, *s'élançant du tombeau, en tenant Alceste dans ses bras.*
Jupiter, tu m'aidas contre la Mort infâme
O mon cœur, éprouvé tant de fois! ô mon âme!
Vous n'avez jamais eu de plus rudes travaux.
Ni lorsque j'étouffai ce roi des animaux
Le lion de Némée au fond de sa caverne,
Ni lorsque j'abattis l'affreuse hydre de Lerne!
　　　　(*Alceste se ranime un peu entre les bras d'Hercule.*)
La funèbre déesse a tenu son serment!
La morte se ranime à son commandement;
Mais aux dieux infernaux restant encore soumise,
Elle n'a retrouvé qu'une vie indécise.
Sans regards et sans voix sous leurs efforts puissants,
Alceste se débat et ressaisit ses sens.
(*Il la dépose sur un banc placé près du tombeau sous les cyprès.*
　　　　Il voit venir Admète.)
Admète!... En cet état faut-il donc qu'il la voie...
Ménageons-lui plutôt une complète joie!
Son cœur est de ceux-là, que l'on peut éprouver
Retardons son bonheur pour le mieux achever.
　　　　(*A Admète qui s'approche du tombeau.*)
Admète!

SCÈNE VII.

HERCULE, ADMÈTE.

(*Alceste sur le banc.*)
ADMÈTE, *apercevant Hercule.*
Hercule ici, grands dieux!
HERCULE, *s'avançant vers Admète.*
　　　　　　Admète, écoute,
Je te cherchais avant de me remettre en route.
Pour me plaindre de toi!... je parle à cœur ouvert,
On le doit entre amis... Comment Admète perd
Son épouse, et tandis qu'il gémit et qu'il pleure,
Une coupe à la main, je ris en sa demeure,
Je bois... chante et de fleurs couronne mes cheveux,
Devant ses serviteurs, qui détournent les yeux...
Est-ce d'une amitié, dis-moi, comme la nôtre?
ADMÈTE.
Hercule, à mon malheur devais-je en joindre un autre?
Fallait-il donc te voir ailleurs, dans ma cité,
Chercher le doux repos de l'hospitalité!
HERCULE.
Le deuil d'une étrangère!... un semblable artifice!
Cependant j'ai besoin d'un important service,

J'aurais mauvaise grâce à ne pas pardonner.
Une femme est ici, je ne puis l'emmener;
Garde-la près de toi : j'ai compté sur ton aide.
Lorsqu'avec les chevaux ravis à Diomède
S'il plaît aux dieux, bientôt je serai de retour,
Tu me la remettras, mais si je perds le jour,
Si Mars soutient un fils déjà puissant et brave
Je te fais ce présent : qu'elle soit ton esclave !

ADMÈTE.

Au nom des dieux, Hercule, éloigne-la de moi,
Ma douleur s'en accroît.

(*Il va s'asseoir sur un des côtés du théâtre.*)

HERCULE.

Que ne puis-je pour toi
Descendre chez Pluton, redemander Alceste,

(*Hercule voit Alceste, qui se ranime et se lève; la démarche d'Alceste
est mal assurée. — Musique.*)

HERCULE.

Elle vient! dieux!

ADMÈTE, *sans voir Alceste.*

Pluton, sous son sceptre funeste,
Retient tous ses sujets.

HERCULE, *à part.*

Son pas est incertain.

(*Il s'approche d'Alceste qui, trouvant un appui dans sa main, se
laisse conduire comme une personne plongée dans l'obscurité;
Hercule ramène le voile sur le visage d'Alceste.*)

HERCULE, *à Admète.*

Orphée a su fléchir Pluton.

ADMÈTE.

Ce fut en vain !

HERCULE.

J'approuve tes regrets, mais t'offrant cette femme,
Demandais-je les soins qu'une épouse réclame?

ADMÈTE.

N'insiste pas : épargne un cœur assez brisé !

HERCULE.

Tu te repentiras de m'avoir refusé,
Je sais ce que je fais, faut-il te le redire.

ADMÈTE, *se levant.*

Eh bien! sois donc content : tu peux l'introduire
Hercule, en mon palais.

HERCULE.

Non, dans ta seule main
Je remets ce dépôt.

ADMÈTE.

Tu deviens inhumain.

HERCULE.

Conduis-la, c'est mon vœu, toi-même en ta demeure.

ADMÈTE

Je le fais donc encor ; mais apprends que sur l'heure,
Je reviens, je suis las de cacher mon dessein,
Près d'Alceste plonger un poignard dans mon sein.
(*Alceste, qui a d'abord marqué l'étonnement de sa nouvelle exis-*
tence et dont l'émotion s'est accrue à mesure que la lucidité est
revenue à ses esprits, tressaille vivement en entendant son nom
mêlé au dernier vers du prince ; elle paraît en comprendre le
sentiment sans pouvoir encore s'exprimer. Son voile cache
toujours sa figure aux yeux d'Admète.)

HERCULE, *à Admète.*

Peine qu'on croit durable est souvent passagère ;
Avant de l'immoler regarde l'étrangère.
Tu verras si ton hôte est fils d'un dieu puissant ;
S'il porte, cher Admète, un cœur reconnaissant.

(*Hercule soulève entièrement le voile d'Alceste.*)

ADMÈTE.

Que vois-je ! quel prodige ! Est-ce Alceste ?

HERCULE.

Elle-même.

ADMÈTE.

La magie a créé cette forme que j'aime.

HERCULE.

Suis-je un magicien ?

ADMÈTE.

Alceste, est-ce bien toi ?
C'est ton visage pur, ton corps svelte.

ALCESTE, *rentrant dans la complète possession de la vie.*

C'est moi !

Je recouvre mes sens ; mon âme se réveille,
J'entends ; la voix d'Admète a frappé mon oreille...
Des fantômes du Styx se dissipe l'essaim ;
La chaleur de la vie a réchauffé mon sein ;
L'obscurité s'enfuit... Je rouvre ma paupière.

(*Le jour paraît.*)

J'y vois ; c'est là l'aurore ! Éclatante lumière,

(*Elle tombe à genoux.*)

Salut !.. trois fois salut !... Oh ! que ton air est doux
Terre de Thessalie... Admète, mon époux,
La mort me rend à toi... jour heureux !..

ADMÈTE.

Chère Alceste !

Je te possède encor ! Par quel secours céleste ?

HERCULE.

J'ai combattu la Mort !

ADMÈTE.

O courage indompté !

(*A Alceste.*)

Tu renais grâce à lui... quelle félicité !

ALCESTE, *avec transport.*

Témoin des vifs regrets d'un amour sans partage
Je renais pour t'aimer encore davantage.

SCÈNE DERNIÈRE.

LES PRÉCÉDENTS, PHÉRÈS, LES ENFANTS D'ADMÈTE, LA
PYTHIE, LE GOUVERNEUR, ADRASTE, LE CHŒUR.

PHÉRÈS.

Admète, mon cher fils !

ADMÈTE.

O mon père, accourez,
Hercule a réuni les deux cœurs séparés.
(*Alceste serre ses enfants dans ses bras.*)

EUMÉLUS.

Tu nous est donc rendue, ô ma mère adorée,
Ma jeune sœur et moi nous t'avons bien pleurée,
Presse-nous dans tes bras également tous deux,
Nous aussi, nous surtout nous bénirons les dieux !

ALCESTE, *tenant ses enfants dans ses bras.*

Enfants, pauvres oiseaux que l'aile maternelle,
Ne cesse d'abriter si douce et si fidèle,
Vous qu'avec tant d'amour on prend soin de nourrir,
On souffre à vous quitter encore plus qu'à mourir.

(*Musique.*)

LA PYTHIE, *accompagnée des prêtres d'Apollon.*

(*Elle prend une couronne de lauriers et s'adresse à Hercule.*)

De la part d'Apollon, dieu protecteur d'Admète,
Dieu qui m'a révélé ta lutte avec la Mort,
De ce laurier j'accours ceindre ta tête,
Tu fais changer le sort.
Que ton nom d'âge en âge,
O mortel, attendu par des exploits nouveaux
Signifie à la fois la force et le courage :
Le dieu m'inspire et je vois tes travaux,
Prenez garde à ses traits, ô centaures rapides,
Cache tes pommes d'or jardin des Hespérides,
Atlas, il va t'aider à supporter les cieux;
Prométhée, ô mortel non moins audacieux
Que ronge du vautour l'incessante morsure,
C'est lui qui mettra fin à ta longue torture...
O Cerbère, tais-toi; monstre à la triple voix,
Il descend aux enfers une seconde fois,
Il ramène Thésée; enfin quand la souffrance,
Trop vive a fatigué son humaine espérance,
De ses vaillantes mains il construit un bûcher,
La foudre y tombe alors, un dieu vient le chercher.
Jupiter, au milieu de la voûte suprême,

L'enlève et veut le rendre aussi grand que lui-même.

HERCULE.

Je bénis le destin et les dieux immortels !

ADMÈTE.

Ah ! bénissons-les tous : courons à leurs autels !

LE CHOEUR.

Gloire au vaillant Alcide,
Au héros intrépide,
Méritons son appui.
Qu'il trouve en notre ville,
Un doux et long asile ;
Gloire à lui, gloire à lui.

Nous devons adresser nos remercîments aux artistes qui ont représenté l'*Alceste*. Mlle Araldi s'est mise au premier rang par cette création ; elle a déployé une vive et profonde sensibilité dont il ne lui avait pas encore été accordé de donner des preuves au public parisien. Admirablement servie par sa jeunesse et par sa beauté, elle a fait verser beaucoup de larmes. Mlle Frantzia, énergique actrice, a su faire accepter le rôle étrange de la Mort ; Mme Moreau-Sainti, magnifique prêtresse ; Mlle Corès, si intelligente ; Randoux, parfait dans le rôle d'Admète, Randoux, dont le timbre a tant de force et de douceur à la fois ; Darcourt, qui n'a pas plié sous le fardeau du rôle d'Hercule ; Lemadre, qui s'est tiré avec habileté du personnage difficile de Phérès, père d'Admète ; Baptiste, Victor-Henri, bons comédiens ; Clément Just, digne d'un rôle plus important que celui d'un officier du palais, ont rendu l'œuvre que nous leur avons confiée avec autant de zèle que de talent. Remercions aussi M. Elwart de son heureux concours. Sa musique lui a attiré, du reste, des suffrages plus flatteurs que le nôtre. L'illustre auteur de *Fernand Cortès* et de *la Vestale* l'a félicité. Nous avons trouvé chez M. Vizentini un excellent concours. Le soin avec lequel il a monté cet ouvrage, a contribué beaucoup au succès.

FIN

BIBLIOTHÈQUE ROYALE

Poissy, Imprimerie de G. OLIVIER.

PUBLICATIONS

DE

MICHEL LÉVY FRÈRES

Libraires-Éditeurs,

RUE VIVIENNE, 1.

OEUVRES COMPLÈTES

D'ALEXANDRE DUMAS

Format in-18 anglais,

à 2 francs le volume.

CHAQUE VOLUME SE VEND SÉPARÉMENT.

Il paraît 1 ou 2 volumes par mois.

EN VENTE :

Le Comte de Monte-Cristo. . . 6 vol. 12 fr.
Le Capitaine Paul, ... 1 — 2
Le Chevalier d'Harmental. . . 2 — 4
Les Trois Mousquetaires. . . . 2 — 4
Vingt Ans après. . . . . 3 — 6
La Reine Margot. . . . . 2 — 4
La Dame de Monsoreau, tome 1er — 2

SOUS PRESSE :

La Dame de Monsoreau. . . . . tom. 2 et 3
Le Maitre d'Armes. 1
Pauline et Pascal Bruno. 1
Souvenirs d'Antony. 1
Une Fille du Régent. 2
Ascanio. 2
Sylvandire. 2
Georges. 2
Cécile. 1
Isabel de Bavière. 2

LA
BIBLIOTHÈQUE DRAMATIQUE

CHOIX

DES

PIÈCES DE THÉATRE JOUÉES SUR TOUS LES THÉATRES DE PARIS,

imprimées dans le format in-18 anglais.

LA BIBLIOTHÈQUE DRAMATIQUE publiera exclusivement toutes les œuvres théâtrales nouvelles de MM. Bayard, Anicet-Bourgeois, Dumanoir, Lockroy, Mélesville, Frédéric Soulié et Eugène Sue, qui se sont engagés également pour leurs collaborateurs, et les œuvres choisies des meilleurs auteurs dramatiques.

IL PARAIT TROIS OU QUATRE PIÈCES PAR MOIS. — QUATRE VOLUMES PAR AN.

Prix de chaque volume, 5 francs.

Chaque volume et chaque pièce se vendent séparément.

Le Gant et l'Éventail, comédie-vaud. en 3 actes, par MM. Bayard et Sauvage... 1 f. 60 c.

La Baronne de Blighac, comédie-vaudeville en 1 acte, par MM. Dumanoir et Nyon.. » 50

L'Inventeur de la Poudre, vaudeville en 1 acte, par MM. Labiche et Lefranc.. » 50

Le Château des Sept-Tours, drame en 5 actes, par MM. Maillan et Alboize... » 60

Sport et Turf, gentilhommerie en 2 actes, par MM. Dumanoir et Clairville... » 60

Le Docteur Noir, drame en 7 actes, par MM. Anicet et Dumanoir. » 60

Charlotte, drame en 3 actes, précédé de LA FIN D'UN ROMAN, prologue, par MM. Emile Souvestre et Bourgeois................ » 60

Clarisse Harlowe, drame en 3 a., par MM. Dumanoir et Clairville. » 60

Madame de Tencin, drame en 5 actes (épuisé), par MM. Fournier et Mirecourt. .... 3 »

PIÈCES DE THÉATRE

Imprimées à 2 colonnes, dans le format grand in-octavo.

Les Mousquetaires de la Reine, opéra-comique en 3 actes, par M. de Saint-Georges ... 1 fr. » c.
La Famille Poisson, comédie en 1 acte, par M. Samson ... » 60
La Mère de Famille, vaudeville en 1 acte, par MM. Dennery et Lemoine ... » 50
Le Petit-Fils, comédie-vaudev. en 1 a., par MM. Bayard et Varner. » 50
Frisette, comédie-vaudev. en 1 a., par MM. Labiche et Lefranc ... » 50
L'Etoile du Berger, féerie en 14 tableaux, par MM. Anicet et Dennery ... » 60
Juanita, comédie-vaudev. en 2 a., par MM. Bayard et Comberousse. » 60
Philippe II, roi d'Espagne, drame en 5 actes, précédé de l'ÉTUDIANT D'ALCALA, prologue, par M. Cormon ... » 60
Les Frères Dondaine, vaudev. en 1 a., par MM. Varin et Lopez. » 60
La Carotte d'Or, comédie-vaudeville en 1 acte, par MM. Mélesville et Comberousse ... » 50
Le Trompette de M. le Prince, opéra-comique en 1 acte, par M. Mélesville ... » 60
Le Roman comique, comédie-vaudev. en 3 a., par MM. Dennery, Cormon et Romain ... » 60
L'Enfant du Carnaval, vaudeville en 3 actes (épuisé), par MM. Dumanoir et Clairville ... 3 »
Le Serpent sous l'herbe, vaudeville en 1 a., par M. A. Durantin. » 50
Le Jardin d'Hiver, comédie-vaudeville en 1 acte, par MM. Mélesville et Carmouche ... » 50
Rocambolle le Bateleur, vaudeville en 2 actes, par MM. Labiche et Lefranc ... » 50
Don Juan, opéra en 5 actes, par MM. E. Deschamps et H. Blaze... 1 »
Monsieur de Maugaillard, comédie en 1 acte, par M. Rosier ... » 60
La Femme de mon Mari, vaudeville en 2 actes, par M. Rosier. » 60
L'Inconsolable, vaudeville en 3 actes, par M. Rosier ... » 60
Le Gamin de Londres, drame-vaudev., en 3 a., par MM. Théaulon et Gabriel ... » 60
La Reine de Chypre, opéra en 5 actes, par M. de St-Georges ... 1 »
L'Ame en peine, opéra en 2 actes, par M. de St-Georges ... 1 »
L'Étoile de Séville, opéra en 4 actes, par M. Hippolyte Lucas ... 1 »
Guido et Ginevra, opéra en 5 actes, par M. Scribe ... 1 »
Le Freyschutz, opéra en 3 actes, par M. Pacini ... 1 »
Benvenuto Cellini, opéra en 2 actes, par M. Barbier ... 1 »
Dom Sébastien de Portugal, opéra en 5 actes, par M. Scribe ... 1 »
Le Lazzarone, opéra en 2 actes, par M. de St-Georges ... 1 »
Le Guerillero, opéra en 2 actes, par M. Th. Anne ... 1 »
Richard en Palestine, opéra en 3 actes, par M. Paul Foucher ... 1 »
Marie Stuart, opéra en 5 actes, par M. Th. Anne ... 1 »

PIÈCES DE THÉATRE

Imprimées dans le format in-octavo ordinaire.

Aladin, ou LA LAMPE MERVEILLEUSE, op. en 5 a., par M. Étienne.　》　60
André le Chansonnier, dr. en 2 a., par MM. Fontan et Desnoyer.　1　》
La Belle-Mère et le Gendre, comédie en 3 actes, en vers, par
　M. Samson..　》　60
Claude Stocq, drame en 5 actes, par MM. Arnould et Fournier....　》　60
Cosima, ou LA HAINE DANS L'AMOUR, drame en 5 a., par G. Sand..　1　》
Crispin rival de son Maître, comédie en un acte, par Lesage...　》　60
Le Drapier, opéra en trois actes, par M. Scribe................　1　》
Échec et Mat, drame en 5 a., par MM. O. Feuillet et P. Bocage...　1　》
Frédégonde et Brunehaut, trag. en 5 actes, par M. Lemercier..　》　60
Gibby la Cornemuse, opéra-comique en 3 actes, par MM. de
　Leuven et Brunswick...　1　50
Gustave III, ou LE BAL MASQUÉ, opéra en 5 actes, par M. Scribe.　》　60
L'Idée du Mari, comédie-vaudeville en un acte, par MM. Dennery
　et Cormon..　》　60
Lambert Simnel, ou LE MANNEQUIN POLITIQUE, comédie en 5 ac-
　tes par MM. Picard et Empis...................................　1　》
Léocadie, opéra-comique en 3 actes, par MM. Scribe et Mélesville.　》　60
Le Mémoire de la Blanchisseuse, vaudeville en un acte, par
　MM. Brazier et Villeneuve.....................................　1　50
Le Modèle, vaudeville en un acte, par MM. Cogniard frères......　》　60
Le Monomane, drame en 5 actes, par M. Ch. Duveyrier...........　》　60
Les Mousquetaires de la Reine, opéra-comique en 3 actes, par
　M. de Saint-Georges..　1　50
La Muette de Portici, opéra en 5 actes, par M. Scribe.........　1　》
La Neige, opéra-comique en 4 actes, par M. Scribe.............　》　60
L'Ombre d'un Amant, comédie-vaudeville en un acte, par
　MM. Fournier et Clairville....................................　》　60
Paméla, ou LA FILLE DU PORTIER, vaudeville en un acte, par
　M. Gabriel...　1　》
Partie et Revanche, comédie-vaud. en un acte, par MM. Scrbe
　et Brazier...　》　60
Pauvre Mère, drame en 5 actes, par MM. Auger et Francis......　》　60
Le petit Chaperon-Rouge, op.-com. en 3 actes par M. Théaulon.　》　60
La princesse Aurélie, comédie en 5 a. par Casimir Delavigne..　》　60
Pierre de Portugal, tragédie en 5 actes, par M. Lucien Arnault.　1　》
Le roi David, opéra en 3 actes, par MM. Alexandre Soumet et
　Mallefille..　1　》
Santeuil, ou LE CHANOINE AU CABARET, vaudeville en un acte, par
　MM. Brazier et de Villeneuve..................................　1　50
L'Univers et la Maison, comédie en 5 actes, par M. Méry.......　1　50
La Vieille, opéra-comique en 1 acte, par M. Scribe............　》　60
Le Voyage de la Liberté, pièce en 4 actes, par MM. Fontan et
　Desnoyers..　1　》

Ouvrages illustrés.

-o-♦-o-

LE FAUST

DE GOETHE

TRADUCTION REVUE ET COMPLÈTE, PRÉCÉDÉE D'UN ESSAI SUR GOETHE

PAR M. HENRI BLAZE

Édition illustrée de 9 Vignettes, dessinées

PAR

M. TONY JOHANNOT

ET D'UN NOUVEAU PORTRAIT DE GOETHE

GRAVÉS SUR ACIER PAR M. LANGLOIS ET TIRÉS SUR PAPIER DE CHINE.

Un volume grand in-8. — Prix : 12 francs

PUBLIÉ EN 40 LIVRAISONS A 30 CENTIMES.

(Extrait du Journal des Débats).

Faust occupe dans les œuvres de Goethe la même place que Goethe dans la littérature allemande, c'est-à-dire la première. A un pareil chef-d'œuvre, la popularité ne pouvait manquer en France, et l'édition illustrée va consacrer définitivement cette adoption de Goethe au pays de Voltaire et de Rousseau.

Poésie, drame, philosophie, critique, toutes les formes de la pensée humaine ont servi à construire cette œuvre étrange et multiple, qui n'a d'égale dans aucune littérature.

Combien d'épisodes attachants dans ce vaste poëme, où le pittoresque se rencontre à chaque pas! Faust, Marguerite, Méphistophélès, Valentin, types immortels que l'imagination aime à se représenter sans cesse ! Qui ne s'est ému de tendresse à la douce complainte de Marguerite au rouet ? Qui n'a essayé de sonder avec le vieux docteur les abîmes de l'intelligence ? Qui n'a frémi au ricanement diabolique de Méphistophélès dans la terrible scène de l'écolier ! Et la promenade au jardin, et cette rencontre des deux jeunes filles au puits, et la mort de Valentin, et la vision dans l'église ! Croyez-vous qu'il existe quelque part de plus dramatiques sujets, des tableaux plus empreints de grandeur et de poésie ?

Aussi le chef-d'œuvre de Goethe devait tenter l'illustration, et, sur ce point, la France n'aura rien à envier à l'Allemagne. Même après Retzsch et Cornélius, on admirera les dessins si ingénieux, si variés, si heureusement inspirés de M. Tony Johannot, lesquels ont été gravés par M. Langlois. Quant à la traduction de M. Henri Blaze, réimprimée jusqu'à cinq fois dans la Bibliothèque Charpentier, l'immense succès qu'elle a obtenu permet de ne pas insister sur les hautes qualités littéraires qui la distinguent. M. Henri Blaze ne s'est pas borné à traduire *Faust*, il en a commenté l'esprit, et trois ans d'études et de méditations lui ont livré les secrets du chef-d'œuvre, désormais révélé au lecteur français. Le texte publié aujourd'hui a été revu entièrement par le jeune traducteur, que ses travaux de critique sur Goethe ont associé d'une façon si distinguée aux esprits qui, depuis quarante ans, se sont proposé de servir de lien entre l'Allemagne et la France.

LES JÉSUITES

DEPUIS LEUR ORIGINE JUSQU'A NOS JOURS

Histoire, Types, Mœurs, Mystères,

PAR

M. A. ARNOULD

ILLUSTRÉS DE 20 GRAVURES SUR ACIER ET DE 100 GRAVURES SUR BOIS,

d'après les dessins de

MM. TONY JOHANNOT, J. DAVID, E. GIRAUD, JANET-LANGE, E. LORSAY, HADAMARD, FRÈRE ET DUPUIS.

2 vol. grand in-8 ; — prix : 20 fr. ; — publiés en 67 livr. à 30 c.

LES COUVENTS

Origine — Histoire — Règle — Discipline — Mœurs — Types — Mystères

PAR

MM. LOUIS LURINE ET ALPHONSE BROT,

ILLUSTRÉS

de 18 gravures sur acier et d'un grand nombre de gravures sur bois,
d'après les dessins
de MM. Tony Johannot, Célestin Nanteuil et Français.

Un beau volume grand in-8. — Prix : 7 fr.

LES BAGNES

Histoire, Types, Mœurs, Mystères.

PAR

M. MAURICE ALHOY

Un beau vol. grand in-8, orné de 105 gravures, dont 35 tirées hors du texte,
par MM. de Rudder, Bertall, Valentin, Jules Noël, etc.

Prix : 13 francs.

Ouvrages littéraires.

ÉCRIVAINS ET POÈTES

DE

L'ALLEMAGNE

PAR M. HENRI BLAZE

TABLE DES MATIÈRES :

Wieland — Klopstock — Burger — Schiller — Goethe — Jean Paul
Novalis — Tieck — Arnim
Immermann—Grabbe—Bettina—Clément Brentano—Caroline de Günderode
la comtesse Stolberg — Uhland — Justin Kerner
Rückert — Moerike — Henri Heine — Freiligrath — Anastasius Grün.

1 vol. in-18, format anglais. — Prix : 3 fr. 50 cent.

BLUETTES ET BOUTADES

PAR

J. PETIT-SENN (DE GENÈVE)

AVEC UNE PRÉFACE PAR M. LOUIS REYBAUD

UN JOLI VOLUME IN-18, FORMAT ANGLAIS.

Prix : 3 fr. 50 cent.

L'Époque, *l'Illustration*, *le Corsaire-Satan*, *l'Artiste*, *la Revue de Paris*, *le Semeur*, et en général tous les journaux littéraires de Paris, se sont accordés pour rendre justice à la consciencieuse originalité de ce spirituel et joli volume, qui contraste étrangement avec les productions de notre époque.

PORTRAITS LITTÉRAIRES

Par **GUSTAVE PLANCHE**. — 2 vol. in-8. — Prix : 7 fr.

DE L'AMOUR

Selon les lois premières et selon les Convenances des Sociétés modernes

Par **DE SENANCOUR**. — 2 vol. in-8. — Prix : 8 fr.

RÊVERIES

Par **DE SENANCOUR**. — 1 vol. in-8. — Prix : 3 fr.

ISABELLE

Par **DE SENANCOUR**. — 1 vol. in-8. — Prix : 3 fr.

DE L'OPÉRA EN FRANCE

Par **CASTIL-BLAZE**. — 2 vol. in-8. — Prix : 4 fr.

LES STALACTITES

POÉSIES

Par **THÉODORE DE BANVILLE**. — 1 vol. in-8. — Prix : 4 fr.

NOUVEAU MANUEL

DE LA CONVERSATION FRANÇAISE ET ANGLAISE

CONTENANT 100 DIALOGUES USUELS ET FAMILIERS

Par **A. FRUELDSON**. — 1 vol. in-18 — Prix — 1 fr. 50 c.

ART DE FRENCH CONVERSATION

By **J.-L. MABIRE**. — 1 vol. in-18 oblong. — Prix : 1 fr. 50 c.

ROMANS

(format in-8°)

ALEXANDRE DUMAS.

Le Comte de Monte-Cristo..... (2ᵉ édition). .	12 vol.	60 f.	»
Les Trois Mousquetaires...... (—)..	8 vol.	40	»
Vingt ans après (suite des TROIS MOUSQUETAIRES) .... (—)..	8 vol.	40	»
La Reine Margot. .... (—)..	6 vol.	30	»
Le Vicomte de Bragelonne (sous presse)......	10 vol.	»	»

LOUIS REYBAUD

(Auteur de JÉRÔME PATUROT),

Edouard Mongeron	5 vol.	25	»
Le Coq du clocher	2 vol.	10	»
César Falempin.	2 vol.	10	»
Pierre Mouton.	2 vol.	10	»
Le Dernier des Commis-Voyageurs.	2 vol.	10	»
Marie Brontin (sous presse)..	2 vol.	10	»

JULES JANIN.

Le Chemin de traverse.	1 vol.	3	50

Mémoires de Mademoiselle Flore, des Variétés,
écrits par elle-même (2ᵉ édition)

Avec cette épigraphe : Pourquoi n'écrirais-je pas mes Mémoires ?
Ma blanchisseuse écrit bien les siens.

3 vol. in-8. 12 »

PROSPER MÉRIMÉE.

Carmen. . . . . 1 vol.   5 f. »

JULES SANDEAU.

Madeleine. . . . . 1 vol.   5   »
Mademoiselle de la Seiglière. . . . . 2 vol.   10   »
Un Héritage (sous presse). . . . . 2 vol.   10   »

Mᵐᵉ CHARLES REYBAUD.

Géraldine. . . . . 2 vol.   10   »
Les Deux Marguerite. . . . . 2 vol.   10   »
Sans Dot. . . . . 2 vol.   10   »
Le Cadet de Colobrières. . . . . 2 vol.   10   »
Félise (sous presse). . . . . 2 vol.   10   »

CHARLES DIDIER.

Rome souterraine. . . . . 2 vol.   10   »
Romans du Maroc. . . . . 4 vol.   10   »

ARSÈNE HOUSSAYE.

Madame de Favières. . . . . 2 vol.   5   »

ÉDOUARD CORBIÈRE.

Pelaïo. . . . . 2 vol.   5   »

Sous presse .

LA VIE LITTÉRAIRE

PAR JULES JANIN

2 beaux vol. in-8. — Prix : 16 fr.

Paris. —Typ. LACRAMPE FILS ET COMP., rue Damiette, 2.

En vente

A LA LIBRAIRIE MICHEL LÉVY FRÈRES

RUE VIVIENNE, 1

ŒUVRES COMPLÈTES

D'ALEXANDRE DUMAS

Format in-18 anglais

à 2 francs le volume.

CHAQUE VOLUME SE VEND SÉPARÉMENT.

Le Comte de Monte-Cristo. .	6 vol.	12 fr.
Le Capitaine Paul.	1 —	2 —
Le Chevalier d'Harmental. .	2 —	4 —
Les Trois Mousquetaires. . .	2 —	4 —
Vingt Ans après.	3 —	6 —
La Reine Margot.	2 —	4 —
La Dame de Monsoreau, tome	1ᵉʳ	2 —

SOUS PRESSE

LES OUVRAGES SUIVANTS, DONT IL PARAITRA 1 OU 2 VOLUMES
TOUS LES 15 JOURS

La Dame de Monsoreau. .	tomes	2 et 3.
Le Maître d'Armes.	1 volumes.	
Pauline et Pascal Bruno.	1	—
Souvenirs d'Antony	1	—
Sylvandire.	2	—
Georges	2	—
Cécile.	1	—
Isabel de Bavière.	2	—

Hamlet, drame en 5 actes, en vers, par
MM. ALEXANDRE DUMAS et MEURICE. . . 1 fr.

LA BIBLIOTHÈQUE DRAMATIQUE

PUBLIÉE PAR MICHEL LÉVY FRÈRES

Paraîtra désormais dans le format in-18 anglais.

Un grand nombre de personnes nous ayant demandé ce format, beaucoup plus commode et plus portatif que l'ancien format grand in-8, nous nous sommes empressés de les satisfaire.

La BIBLIOTHÈQUE DRAMATIQUE publiera, à l'avenir, toutes les œuvres théâtrales de MM. Bayard, Anicet-Bourgeois, Dumanoir, Lockroy, Mélesville, Frédéric Soulié et Eugène Süe, qui se sont engagés également pour leurs collaborateurs, et les œuvres choisies des meilleurs auteurs dramatiques.

Il paraît 3 ou 4 pièces par mois. — 4 volumes par an

Prix de chaque volume, 5 francs.

CHAQUE VOLUME ET CHAQUE PIÈCE SE VENDENT SÉPARÉMENT.

EN VENTE (OUVRAGE COMPLET)

LE FAUST DE GOETHE

TRADUCTION REVUE ET COMPLÈTE

Précédée d'un Essai sur Goethe, par HENRI BLAZE

Édition illustrée de 10 Vignettes

PAR TONY JOHANNOT

GRAVÉES SUR ACIER PAR LANGLOIS ET TIRÉES SUR PAPIER DE CHINE

Un volume grand in-8. — Prix : 12 fr.

PUBLIÉ EN 40 LIVRAISONS A 30 CENTIMES.

PARIS. — TYP. LACRAMPE FILS ET COMP., RUE DAMIETTE, 2.

www.ingramcontent.com/pod-product-compliance
Ingram Content Group UK Ltd.
Pitfield, Milton Keynes, MK11 3LW, UK
UKHW021459090726
13657UKWH00003B/1407